# XENOFOBIAS, TERROR Y VIOLENCIA
*Erótica de la crueldad*

• Mirta Goldstein •

# XENOFOBIAS, TERROR Y VIOLENCIA
## Erótica de la crueldad

Lugar Editorial

Goldstein, Mirta
 Xenofobias, terror y violencia : erótica de la crueldad - 1a ed. - Buenos Aires : Lugar Editorial, 2006.
 144 p. ; 23x16 cm.

 ISBN 950-892-270-2

 1. Ensayo Psicoanalítico. 2. Xenofobia. I. Título
 CDD A864

Imagen de tapa: Fotografía digital de Osvaldo Vainstoc

Diseño de tapa e interior: Laura V. Bonatto Marchello

Queda prohibida la reproducción total o parcial de este libro, en forma idéntica o modificada y por cualquier medio o procedimiento, sea mecánico, informático o fotocopia, sin autorización de los editores.

ISBN-10: 950-892-270-2
ISBN-13: 978-950-892-270-0
© 2006 Lugar Editorial S.A.
Castro Barros 1754 (C1237ABN) Buenos Aires, Argentina
Tel/Fax: (54-11) 4921-5174 / (54-11) 4924-1555
E-mail: lugared@elsitio.net / info@lugareditorial.com.ar
www.lugareditorial.com.ar

LA FOTOCOPIA
MATA AL LIBRO
Y ES UN DELITO

Queda hecho el depósito que marca la ley 11.723
Impreso en Argentina - Printed in Argentina

*A Pablo, Sergio, Alicia y Verónica*

# Prólogo

*Amelia Imbriano\**

> *Dicen que las cosas malas les vienen de nosotros, y son ellos quienes se atraen, con sus locuras, infortunios no decretados por el destino.*
>
> HOMERO. *La Odisea*. Rapsodia I

El lector encontrará en esta obra una autora generosa pues dona un escrito a la comunidad. Lo califico como "una producción de experiencia" que ilumina las temáticas propuestas con genialidad creadora y coraje: su aliento no retrocede. Se trata de la experiencia de una psicoanalista con trayectoria, o sea: la presente obra es efectuada por alguien que ha sabido transitar la vida sin demandar la búsqueda de la armonía estática o la ausencia de conflictos. Nada más ajustado a la realidad que denunciar los idealismos omnipotentes presentados con los nombres de globalización, xenofobia, crueldad y violencia, entre otros.

Mirta Goldstein desnuda procesos en los cuales problemáticas sincrónicas tanáticas ejercen, de manera imperativa, una labor de atomización –forma de globalización que se encuentran inserta en la sociedad–. Sus finas auscultaciones le permiten descubrir los revestimientos de extravagancia y deificación que los lazos sociales sostienen. Sus investigaciones se concretan en las conclusiones a las que denomina "cuatro reflexiones".

El tema la atraviesa; ella ha atravesado al tema. Investigadora sin descanso, su curiosidad y capacidad de asombro –como punto de partida– le han permitido incursionar en diferentes aspectos de la cultura, la civilización y en los avatares de la vida cotidiana.

Mirta Goldstein es autora de múltiples ensayos sobre temas que tienen como eje la consideración del sujeto desde el psicoanálisis.

La escritora no necesita oscurecer aguas para que parezcan profundas, sino lo contrario, puede plantear lo más profundo e íntimo del ser humano en su in-mundicia con sabia simpleza.

*"Xenofobias, terror y violencia. Erótica de la crueldad"* nos lleva desde el Gorgias de Platón –que esconde un tratado sobre lo justo y

...........................................................
\* Dra. Amelia Imbriano. Decana del Departamento y Maestría en Psicoanálisis de la Universidad John Kennedy.

lo injusto– hasta su superación, rescatando al sujeto de diversos dualismos, para mostrar su efectuación, es decir, para mostrar al sujeto por sus efectos. Analiza la complejidad de posiciones relativas a lo judío y lo no judío, la ciencia y la religión, la xenofobia y la victimización, la extranjería subjetiva y de la diáspora –nación inexistente–, el bien y el mal. Nos presenta una ética no-toda que *"nos coloca ante disyunciones incluyentes y excluyentes, instantes decisivos de cuyas elecciones es responsable tanto el sujeto singular como colectivo, y cuyos efectos cargan las generaciones venideras".*

Pienso que esta obra permite recorrer algunas dimensiones de la fenomenología descrita bajo la categoría de individualismo, hecho de interés particular para el análisis de algunas modalidades del malestar contemporáneo y los vínculos sociales.

La noción de individuo ha adquirido hoy una significación psicológica, social y política que es frecuente suponerla como si fuese sólo una construcción de las ciencias humanas. Para orientarse en el uso que la autora realiza de la noción de individualismo, conviene recordar que la misma adquirió primero un valor teórico significativo en el campo de las ciencias de la naturaleza relativas a la oposición entre individuo y especie, o a las clasificaciones entre semejanzas y diferencias entre individuos de la misma especie. Recién en el siglo XIX, la noción fue utilizada para referirse a la diferenciación individuo-sociedad. "Individuo" significa "indivisible". Para evitar algunos equívocos quisiera recordar la firmeza y rigurosidad de argumentos con que Lacan define la existencia de "lo uno". Ello posibilita hablar del "individuo", lo que no implica, como lo hacen la psicología, la psiquiatría y otros saberes acerca de lo humano, que el psicoanálisis confunda el individuo con el sujeto. Es justamente la idea de individuo la que permite al psicoanálisis introducir el carácter "dividido" del sujeto.

A partir de las consideraciones freudianas sobre "los seres excepcionales" es posible caracterizar diferentes modos de cada sujeto o cada colectividad de construir "lo uno". Freud presenta varias figuras, tales como el personaje de Ricardo III de Shakespeare, los delincuentes por sentimientos de culpa y los que fracasan al triunfar. Observamos en la actualidad que estas últimas figuras tienden a desdibujarse en las sociedades de hoy revelando el fortalecimiento de la significación del sujeto contemporáneo como "excepción frente a la ley". El individualismo que se manifiesta en los diversos dualismos referidos por la autora, puede considerarse como una posición subjetiva ante el vínculo social, lo cual debe ser pensado en el entrecruzamiento de la diacronía y la sincronía en el momento histórico que vive la civilización contemporánea.

El descubrimiento de Sigmund Freud, que da origen al psicoanálisis, es que el inconsciente debe tomarse "a la letra", es decir, debe considerarse como sintaxis. Razón por la cual para la construcción de la teoría del aparato psíquico o metapsicología, fue necesario la referencia al mito de Edipo, a la función del tótem y del tabú, al malestar en la cultura extraído de la psicología de las masas, a la repetición y la muerte más allá de las nociones de la teoría del conocimiento o las leyes de la termodinámica. La construcción de un mito de origen, bajo la forma del asesinato del padre como ley primordial, connota la entrada de lo simbólico en lo real. El psicoanalista francés Jacques Lacan, en un movimiento conocido en la historia del psicoanálisis como "el retorno a Freud", anticipa que la contingencia de los accidentes dan al inconsciente su verdadero rostro tal como lo muestra el texto bíblico en Jeremías 31,29: "Los padres comieron uvas agraces y los hijos padecieron la dentera". Es lo que las humanidades –sujeto en el mundo– ocultan y revelan de lo in-mundo. El hombre, antes de su nacimiento y más allá de su deceso, está inmerso en el lenguaje, hecho que lo funda en el linaje antes de que inicie el bordado de su trayectoria personal. "De ese jirón de discurso, a falta de haber podido proferirlo por la garganta, cada uno de nosotros está condenado, para trazar su línea fatal, a hacerse su alfabeto vivo. Es decir que en todos los niveles de la actuación de su marioneta, toma prestado algún elemento para que su secuencia baste para dar testimonio de un texto, sin el cual el deseo transmitido en él no sería indestructible" (Lacan, J., El psicoanálisis y su enseñanza, 1957). La tesis de Lacan implica que no hay estructura más que de un discurso marcado por la falta de "relación proporción sexual" y debe comprenderse como un orden lógico. Significa que no hay nada en las relaciones entre los hombres que permitan pensarlas como un encuentro logrado. En el sujeto humano, así como hay una decidida vocación al gregarismo, lo que caracteriza la relación con el otro es el desencuentro. Ello no significa que los hombres no hayan conseguido inventar formas a través de las cuales consigan suplencias a esa imposibilidad; no significa tampoco que no apelen a la construcción de ideales o al despliegue de variadas formas de lo imaginario para concebir como posible la relación sexual, y aún episódicamente vivirlas como logradas. Es allí donde radica la fuerza de la ilusión y de todas las ideologías que prometen una alternativa de completud o felicidad señalando alguna virtud como bien absoluto. El escenario en donde se produce el vínculo social es el síntoma "individualista" que se caracteriza, paradojalmente, por una especial y radical sumisión al Otro, por creer en su consistencia y completud. Y ello no es sin consecuencias: ciertas formas del individualismo más radical van siempre acompañadas de una sumisión servil carente de dignidad, hecho susceptible de ser reconocido en los sujetos y también en los pueblos. El síntoma "individualista", por ejemplo, la mendicidad de los ricos o el elitismo consumista, muestran un sujeto en una posición desde la cual le es posible afirmarse y juzgar a todos los demás como diferentes pues deben cumplir con las leyes humanas tales como trabajar para procurarse el sustento. Así se define una posición subjetiva, una forma de relación al otro y por consiguiente una estrategia de vida, que está sostenida en una identificación a un rasgo que no sólo le otorga una radical forma de goce, sino que le brinda una solución a la demanda del ser. Si se desconoce esta dimensión de los llamados síntomas sociales se corre el riesgo de incurrir en el oscurecimiento de cualquier consideración que pueda realizarse acerca de tales fenómenos. La autora, con su fina pluma, desarrolla estas cuestiones rigurosamente bajo las modalidades que propone en el subtítulo de su obra: "Xenofobia, violencia y crueldad". Se compromete con el tema desde su experiencia clínica y en su de-sarrollo pueden leerse al menos dos preguntas: ¿hay pueblos que se comportan como excepciones?, ¿es posible afirmar que las formas de vínculo social que elige un sujeto en lo privado, tienen relación con aquellas que realiza lo público? Si bien el amor tiene un poder ordenador y apaciguador o una cohesión unificante, resta siempre un malestar (ambas evidencias freudianas). El malestar que persiste en la cultura es testimonio del fracaso del amor para resolver el empuje del hombre a satisfacerse con el mal. Por ello, preguntarse sobre la dirección del goce en el orden social, para el psicoanálisis, es cuestión de política. Escudriñando diferentes semblantes que ofrecen las naciones, las corporaciones, las religiones, los ideales políticos, etc., como diversos modos de discurso, la autora se implica en interrogantes posibles de ser indagados desde el psicoanálisis. Trata de saber sobre el goce y lo que cada sujeto y colectividad hacen para responder a la regulación de ese más de goce que se impone. ¿En nombre del amor al prójimo, en nombre del interés de la humanidad?, ¿dónde se dirige el goce en el vínculo social? La respuesta es real y horrorosa: manda al sacrificio en nombre de alguna moral, lo cual es también una cuestión política. Esto es lo que Freud llama la paradoja del campo de la ética pues en el lugar mismo donde se articula el deber moral, es allí donde se acumula el goce. Esta **paradoja hace necesaria la intervención de la problemática del goce** en la teoría de las masas. Introduciendo esta cuestión del goce en relación a la política, no hacemos más que estar en el orden del fantasma, pues si la política implica un hacer con el plus de goce en el orden social, existe una política que ordena la relación y entonces, es la política del fantasma. Mirta Goldstein avanza cuidadosamente sobre la temática, pues, dice, cabe distinguir dos políticas: la política del no-todo en donde el sujeto como no-todo intenta responder a su plus de goce, y por el contrario, la política que obedece a una lógica del todo, en donde la cultura intenta negar el plus de goce que destotaliza al sujeto, ofreciendo un todo significante que lo regula y controla. Pareciera ser que el fantasma también puede obedecer a una lógica del todo, puesto que intenta negar la falta con el plus de goce que le aporta el objeto a. La política del no-todo denuncia la falta, mientras la política del todo, la política social contemporánea, intenta recubrir la falta con significantes amos. Pero, es imposible también a nivel social tapar la falta, y la misma aparece allí donde la política fracasa, en el malestar, en los síntomas sociales contemporáneos. El psicoanálisis no debe retroceder frente a ellos, sino más bien, ver el modo de enfrentarlos a sabiendas de que la política es inherente al humano y que hay diferentes políticas. En la política del no-todo hay tres elementos que pueden servir de brújula para orientarse en ella:

1• La estructura, la cual determina la forma del sujeto de responder a su falta.
2• Lo que determina la elección del objeto (objetos sustitutos del objeto primordial del deseo puesto fuera del alcance del sujeto por la mediación del interdicto paterno).
3• La esfera de los asuntos éticos que implica la relación al Otro.

Las cuatro reflexiones finales de esta obra –conclusiones–, merecen ser destacadas y se pueden leer así:

1• Cuando el Bien goza, el Mal acontece.
2• El acontecimiento del mal descompleta a la moral.
3• La moral del bien supremo se torna imposible e innecesaria.
4• La ética es no-toda.

Es para mí un honor escribir estas palabras preliminares pues se refieren a un "trabajador decidido", alguien que supo jugar la apuesta de sostener su deseo con responsabilidad, acto no sin efectos.
Sean estos renglones un humilde homenaje a la autora.

# Introducción

> ...la esencia más profunda del hombre consiste en impulsos instintivos de naturaleza elemental, iguales en todos (...) entre las cuales se encuentran los que la sociedad prohíbe: los egoístas y crueles.
>
> SIGMUND FREUD. *Consideraciones sobre la guerra y la muerte*

Como cualquier comienzo, este no es un comienzo. Los temas que elegí desarrollar tampoco se inician en la actualidad, sino que constituyen lo que Freud denominó *"el malestar en la cultura"*, con lo cual la crueldad, la violencia y la xenofobia son intrínsecas a ese malestar, pero hay tiempos en los cuales se apaciguan y tiempos en los cuales recrudece la ferocidad del odio y de la pulsión que Freud denominó de muerte, es decir de Tánatos.

Leí alguna vez del filósofo chino Chang-Tsé lo siguiente: "Hubo un comienzo. Hubo un tiempo antes de ese comienzo. Y hubo un tiempo antes del tiempo que fue antes de ese comienzo... Repentinamente hubo ser y no ser, pero no sé cuál es realmente ser o realmente no ser." Este modo de pensar se sitúa por fuera de las certezas absolutas sobre el origen, el Ser y la fuente del bien, a diferencia de la versión bíblica que remeda la carencia de certidumbres introduciendo un Creador, un agente discriminante en el caos del no saber y lo imposible de saber.

La introducción de un agente creador ubica al Bien del lado divino y al Mal del lado del mundo donde Dios falta. Luego para el creyente "hace falta Dios" para garantizar el bien y luchar por ellos, en cambio, para el no creyente, la falta de Dios puede constituir también un Ideal por el cual luchar hasta agotarse. Es la posición pasiva del sujeto ante los ideales la que hace mal y no tanto la fe en sí misma, pues cuando la fe es suplencia de un resquebrajamiento del sujeto, cumple una función psíquica.

En tanto la falta es considerada *pecado*, el ser hablante queda enredado en la culpa, por ello, para que haya *culpa* sin pecador hace falta *la falta*. En este punto el psicoanálisis tiene algo para decir, y ese decir es extensible al sujeto particular y al sujeto colectivo. Comprueba que hace falta que haya falta instituyente para que el hombre pueda decidir sobre su emancipación de las fuerzas que lo impulsan a la destrucción. La falta o imposibilidad constituyente pone en circulación el *ethos* de una culpa sin culpabilidad, de un deseo responsable, de un malestar que no se transforme en perversidad social y de una decisión ante el Mal, la crueldad y la canallada no sujeta a un código o deberes a cumplir.

La modernidad hizo el intento de dar el gran salto secular de disolución de los principios absolutos, pero su fracaso atestigua respecto de la imposibilidad de desarmar totalmente la fe, los ideales y el odio que desembocan en la aniquilación del semejante.

El anuncio nietzschiano de la muerte de Dios, se refería más a la caída del lugar hegemónico que ocupaba el discurso sobre la trascendencia divina, que al papel de las creencias en el orden particular. El andamiaje psíquico y emocional de cada ser hablante anuda de modo singular las creencias e ideales con la existencia real, el imaginario colectivo y el corpus simbólico que denominamos el Otro, de ahí que conmover ese lazo equivale a conmover la vida de alguien y, a la vez, dejar que la idealización y la ilusión encegueczan las razones, puede conmover la subsistencia del mundo. Algo de esto último ocurre actualmente. El terrorismo fanático amenaza a las instituciones mientras los estados considerados democráticos promueven la emergencia de sistemas de terror. Las consecuencias de estas políticas son transformaciones en la subjetividad.

A la muerte de una certeza, le sucede generalmente alguna otra y, entre ambas, la cultura transita épocas de alivio de los discursos totalitarios y las tiranías, o de recrudecimiento de los horrores de la tortura, el exterminio y la violación.

El siglo XX ha conocido y propulsado varios holocaustos. El más significativo por sus trazas de crueldad organizada por un poder, se desenvolvió durante el nazismo y, su nombre, Shoá, ha quedado inscripto como nominación del Mal y la perversidad. Los tres nombres del mal son para Badiou: terror, traición y desastre; a esta trilogía agrego la crueldad implícita en las anteriores pues para que éstos se instalen va de suyo que alguien goza de la crueldad.

Los sobrevivientes de todos los holocaustos y masacres, de todas las victimizaciones y vejaciones perpetradas de manera aislada o colectiva, han tenido que recomponer su cuerpo y su subjetividad. Muchos han tenido que abrazar voluntaria y decididamente una posición de extranjería a lo común, a lo instituido o a lo reglamentado; esta extranjería vira hacia el acto creador –por lo menos de una modalidad de vida– o hacia el suicidio que, a veces, se presenta como tendencia a matar.

La concepción sobre el Apocalipsis, esa catástrofe anunciada como intermediaria entre lo natural y lo sobrenatural, acercaba y al mismo tiempo distanciaba al sujeto de sus propias fuerzas agresivas: el pecado y el castigo divino enlazaban el correlato pulsional con los actos. Hoy el discurso del Otro más que apocalíptico es nihilista y determina fenómenos tales como el exilio del mundo simbólico de varias generaciones identificadas con "la nada". El psicoanálisis no reconoce en ello un instinto preformado de destrucción, sino la pulsión de muerte intrínseca a la estructura simbólica o el reclamo sacrificial del superyó sádico, al sujeto inconsciente.

El goce mortífero inconsciente y el odio al que no es *yo* o lo que no es *mi* (es decir odio a lo que no se incluye en tanto pertenencia o propiedad: pueblo, sexo, religión, raza, clase, etc.), desconocen las energías libidinales puestas en juego en el acto o no-acto del sujeto, y provocan la reiteración en el ámbito social de las soluciones finales.

La Segunda Guerra Mundial comenzó con el propósito, todavía velado, de una "solución final"; han cambiado los tiempos pero no los propósitos. Los diversos fundamentalismos de nuestra época insisten en ello renegando del germen de nihilismo y autodestrucción que implosiona en su propio seno. Los hombres y los pueblos mal comprenden su presente en tanto en éste se desconocen. Por eso Freud alega que los hombres son ingenuos durante el mismo. También a él le ocurrió quedar incrédulo ante las fuerzas del mal que amenazaban a Europa, renegación que casi le cuesta la vida.

Para salir de la ingenuidad, Lacan (psicoanalista francés posfreudiano) afirmó: *"Dios es inconsciente";* con esta frase intentaba mostrar –entre otros argumentos– la estructura inconsciente de las fuerzas que elevan nuevos dioses sea para crear, sea para derrumbar lo creado. La efectividad real de esta estructura radica en su repetición y, sabemos, gracias a Freud, que la repetición emerge del trauma.

El siglo XX produjo movimientos contradictorios: por un lado exacerbó la defensa de los derechos individuales y a la vez rebajó el valor de las singularidades. Conformó así lo que Hanna Arendt denominó "la banalización" del mal, banalización que podemos extender a la indiferencia.

Proponer la muerte de la indiferencia, asestarle un golpe a la indiferencia generalizada, de ninguna manera implica querer curar a la cultura de sus males; en la "aldea global" el ser hablante habita el malestar y éste lo habita, y si dejasen de habitarse mutuamente es porque el sujeto ya ha sido anonadado o arrasado y el Mal acaece impunemente.

Crueldad, xenofobia y segregación son cuestiones que atañen a la intolerancia a las mismidades diferentes pero, sobre todo, atañen a la sumisión a las pertenencias. El nudo que une y separa a lo mismo con lo diferente está soportado en un agujero imposible de disolver sin deshacer el lazo que forma. Esto sitúa a cada sujeto ante el dilema de decidir qué lazo mantendrá unido para pertenecer, y qué lazo osará destituir para alojarse en otro lugar simbólico. Este sujeto, efecto de su acto de decisión, es el punto débil, el flanco contra el cual los sistemas políticos, religiosos y filosóficos se cierran para masificarlo. Por esta razón, cada generación está conminada a pertenecer y cada sujeto es responsable de decidir cuándo no pertenecer, ya que la pertenencia y la exclusión, sustratos de cualquier sociedad fraternal, se incrustan como odio a espaldas del *sí mismo*. Más la fratría le da la espalda al odio que la identidad del semejante le insufla, más el odio la enfrenta y la obliga a la reclusión o al combate. Más el sujeto desconoce su deseo de singularidad, más *lo mismo* se le vuelve en contra como sistema de banalización de lo diferente y de lo indiferente.

¿De qué manera se atropella al sujeto? Insuflando el anhelo agobiante de un universo de estandartes y lemas unificantes. Las imágenes de las procesiones políticas o religiosas son todas similares; esas imágenes ponen de relieve las similitudes de las masas que enarbolan las banderas y las pancartas de algún líder ideológico o espiritual, masas que se silencian a sí mismas tras el grito vociferado de un nombre idolatrado, de una insignia o un escudo. Los filmes documentales sobre el nazismo y la puesta en acto organizada del desfile guerrero, muestran el poder de seducción que ejerce el poderoso sobre las masas y la fascinación por la imagen del poderío en "escena".

Muchos fenómenos sociales y otros tantos trastornos de la subjetividad contemporáneos, pueden considerarse manifestaciones tardías de una guerra aún inconclusa; la Segunda Guerra Mundial se ha extendido en el tiempo y en el espacio. Auschwitz, Hiroshima, Bosnia o lo que en Europa y fuera de Europa se le hizo a la humanidad, puede ser borrado de los libros o censurado de muchas formas, pero los números tatuados en los brazos judíos, las secuelas en la piel de los japoneses alcanzados por la brasa atómicas, los niños frutos de violaciones en Sarajevo, se cuentan y se pagan en el cuerpo de muchas generaciones posteriores. No hay modo de borrar lo cometido. Cuando lo siniestro de la historia se desmiente (los neonazis que afirman que el Holocausto no existió, por ejemplo), retorna como un exceso incalculado y acrecentado en su potencia destructiva. Lo incalculado es qué o quién caerá más allá del objetivo militar.

La desmentida o repudio de la complicidad pasiva y activa de los individuos y las naciones supuestamente "neutrales" ante las atrocidades, la impunidad y la falta de eficacia de la justicia, son factores que determinan la labilidad de la Ley Simbólica y el correlato de delito y corrupción concomitante a esa labilidad. La labilidad simbólica conduce a lo *ominoso*: nombre de lo que no tiene nombre, abyección y aberración por las cuales el sujeto se degrada a sí mismo o es degradado por el semejante.

La complicidad es solidaria de la degradación y, cuando queda globalizada porque los intereses de las mayorías se desentienden de la dignidad de las minorías, el recurso a las soluciones que se pretenden *finales* retorna acrecentado en fuerza y perspectiva de dominio.

El discurso globalizado del fin de la historia tuvo sus consecuencias. Algo quedó globalizado y excluido durante los crímenes del siglo XX; *eso* excluido retorna en cada nueva amenaza de exterminio y se recrea bajo la forma de un *cadáver inmortal, imborrable, siempre vivo o a punto de resucitar*. Basta con la ficción imaginaria del cine o la televisión, para darse cuenta que *el muerto, el Ghost* de nuestros días, desmiente la muerte y el goce mortificador; este es el punto de inserción del suspenso y el terror cinematográficos. El terror no proviene de la muerte, sino de la presencia alucinante del muerto-vivo cuya presencia inmortal reclama más víctimas, en tanto se alimenta de las mismas.

La víctima se construye en algún discurso; el sobreviviente desconstruye la "posición de víctima" para no quedar enajenado en ella o continuar siendo "objeto" de la victimización. La segregación –en sus variadas formas de manifestarse– una vez desencadenada rara vez puede ser controlada por la palabra, ya que es alentada por la palabra. Por ejemplo, la acusación prejuiciosa antisemita sobre crímenes cometidos por judíos a no-judíos, se repite cíclicamente y es usada como argumento de nuevos atentados antisemitas. Los prejuicios intolerantes alientan a nuevas ignominias cuya recurrencia fanática es el mejor testimonio de lo imposible de erradicar en los lazos sociales. En las épocas en que se disuelve la separación entre sujeto y malestar, la cultura atraviesa el horror de la crueldad organizada y/o salvaje.

Cada vez que se disuelve el agujero que une y separa a las distintas etnias, se precipitan un chivo emisario, un líder de masas y una ideología que se toma a sí misma por la Verdad y la Justicia. Una *verdad* total es inaudible, sólo las verdades parciales se hacen oír, aunque no sea frecuente tolerar escucharlas. Tampoco la Justicia triunfa cuando se cree especialmente justa. La caricatura más elocuente de la relación entre verdad y justicia, la hallamos en el reclamo jurídico: *diga la verdad, toda la verdad y nada más que la verdad*, negando la imposibilidad de la verdad para decirse toda, pues la verdad es la verdad sobre un asesinato simbólico, aquél que funda un territorio cultural y a un sujeto. Cuando el asesinato simbólico es retrotraído de este estatuto de imposibilidad, aparece el acto homicida real y delictivo. La desmentida de la muerte y la concomitante degradación simbólica de la muerte, retorna con más muertes, y la desmentida del goce mortífero reaparece con torturas cada vez más sofisticadas. La tecnología puede alimentar la sofisticación de la tortura, pero la sofisticación depende del estilo del goce sádico.

Reconocer marcas fundacionales ya supone un fantasma parricida remanente de un acto discriminante, de dilucidación y de discernimiento; al fallar la elaboración simbólica de esas marcas queda propiciada una acción discriminatoria y/o asesina.

El parricidio es fantasmático y simbólico en la medida que remite a la fantasía inconsciente de aquél que se ha servido de la herencia cultural pues se hubo reconciliado con *un padre*. Reconciliación –desde este punto de vista– implica discriminación, identificación y separación del padre imaginario idealizado como *salvador* o como *amo* cruel y aniquilador.

La figura del ancestro protector emerge de una lucha interior que se ha librado con los padres reales, después de la cual se ha perdido el interés por la victoria. "Ganarle al padre" no es un mandato a cumplir, sino la manifestación de que se ha accedido a ocupar su lugar en la cadena generacional y de haberse identificado con su virilidad y su carencia. La culpa inconsciente por la *sobre-existencia* a los antepasados o a los semejantes en ciertos estados de dolor psíquico intenso, puede transformarse en un delirio persecutorio que arremete contra los otros o en la idealización renovada de un sustituto patriarcal de dimensiones totalitarias. Freud ilustró de algún modo este aspecto al presentar su análisis del caso Schreber, en el cual la psicosis latente se desencadena cuando ni siquiera ya le queda al sujeto posibilidad de traducción simbólica del *sentimiento inconsciente de culpa*. Lo que la psicosis rechaza es que padre e hijo compartan la misma sustancia simbólica de Nombre.

La psicosis terrorista prescinde del asesinato simbólico del padre y remeda esta falla con la aniquilación de un representante fraterno.

Por ello considero imprescindible rescatar del meollo político, religioso y racial actual, el costado subjetivo que lleva a algunos a posicionarse del lado de la víctima y a otros del victimario de forma alternante y/o simultánea.

El goce del espanto crece parasitario, por eso los psicoanalistas podemos transferir a la cultura los modos de disolver los excesos de goce implícitos en la victimización.

Para Freud, el malestar en la cultura se manifiesta como "síntoma" o se sublima en la creación; de lo contrario, ya se está inmerso en plena catástrofe social.

Voy a considerar *sobreviviente* a todo aquel que pudo hacer algo con la experiencia real traumática para salir de la posición de víctima y víctima a aquel que no ha encontrado ninguna elaboración psíquica supletoria al horror padecido luego ha perdido la memoria.

Llamamos comúnmente "memoria" a la operación de recortar, separar, seleccionar y volver a unir en "recuerdos". No obstante, la conciencia nada sabe respecto a lo que la memoria olvidó incluir. El montaje que la rememoración nos devuelve se asienta en los vacíos del anudamiento que tramó, por lo cual la memoria le arrebata a nuestra conciencia la verdad sobre su verdad. La verdad queda así dividida entre lo que de ella se expresa y lo que de ella resta imposible de asirse.

La búsqueda de una correspondencia estricta entre *memoria* y *verdad* puede desviarse hacia el crimen debido a una especie pasional del amor por la verdad que se ajusta al calificativo de *caníbal*, un amor que engulle toda la verdad, con lo cual se asemeja al odio y destruye. Cuando dejamos de lado una cuestión ideal respecto de ambas, o sea que desidealizamos el sentido absoluto otorgado a la verdad y la memoria, hallamos, como dice Lacan, las *variedades de la verdad*, es decir, una verdad plural con por lo menos dos consecuencias: hacer posible el *no olvidar* en un sentido histórico, y sostener un sujeto de las verdades olvidadas que retornan parcialmente y de a poco, y a las cuales el sujeto del trauma desea desgastar en el tiempo, desea desgastar el dolor psíquico *con tiempo*. Este tiempo le es arrebatado al hombre cuando los sucesos del mal irrumpen y arrasan con la subjetividad y con los cuerpos; las variedades del mal devastan por su tragedia más que por su dramatismo, por sus excesos reales más que por sus ficciones, excesos que suspenden la dimensión del *paso a paso* que el duelo requiere para elaborar lo sufrido y lo perdido.

Cuando la temporalidad del sujeto es arrasada por el horror de los acontecimientos del Mal, aparece la urgencia de borrar la memoria o la obligación de restituirla. Los sobrevivientes de la Shoá transitaron esos extremos: la obligación de *no olvidar* y el borramiento necesario para no olvidar y dejar de sangrar. Dado que el duelo desconoce la "obligación" de duelar, recién después de cincuenta años aparecieron los testimonios escritos de muchos sobrevivientes. Este tiempo retardado del duelo provocó que los hijos de los sobrevivientes cargasen con el dolor del silencio y los descendientes de tercera generación se encontrasen convocados a realizar el trabajo de reconstrucción.

¿Qué fue y es la Shoá? En tanto hecho constituyó la aniquilación organizada por los nazis en contra de los judíos y otras minorías. La diferencia con otros genocidios radicó en la planificación del asesinato y de la desaparición de los restos de los cuerpos en los campos de exterminio: crematorios y cámaras de gas. Esta sistematización del homicidio produjo un corte: un antes y un después de la Shoá. Después de la Shoá el mundo tenido por civilizado quedó conmovido y, en algún caso, abolido por la barbarie que albergaba. Civilización y barbarie dejaron de constituir dos opuestos; se puso en evidencia que la civilización aloja a la barbarie en un adentro que semeja un afuera y un afuera que es el adentro más íntimo.

El clímax de barbarie alcanzado en la Primera y Segunda Guerra Mundiales se siguió esparciendo más allá de la algarabía de la "terminación" bélica. A los millones de muertos de esas guerras se sumó el desplazamiento de otros tantos millones de personas con secuelas psicológicas en busca de refugio y hogar. El fenómeno inmigratorio, apreciado por un lado y, restringido por otro, continúa hoy planteando controversias, contradicciones y segregaciones. La cuestión del semejante es irreductible y universal.

La segregación xenofóbica corresponde a un modo de lazo que invierte las ligazones eróticas pacificantes. El arte y la invención, en cambio, pueden ser refugio transformador del trauma que el otro en tanto otro instala con su sola presencia. Desde este punto de vista es difícil imaginarnos la vida sin poema aun en el Mal. Cuando Adorno expresó que "después de la Shoá ya no hay poema", no intuyó que expresaba el nihilismo alemán. El poema, en el sentido genérico de creación de palabras cicatrizantes, persiste "sobreviviente" aun cuando sólo diga las palabras del mal y relate los acontecimientos del Mal.

Segregar denota expulsar y rechazar, se opone a unir y articular. Dividir significa distinguir y distribuir, separar y repartir. Discriminar connota diferenciar y discernir o repudiar y denigrar. El hombre conjuga combinaciones mortíferas entre las antítesis de esos verbos, de ahí que no hay bien y mal naturales ni espontáneos; el bien y el mal son efectos de discurso y de la ética que se gesta por la modalidad erótica de los lazos que se conforman cada vez. En los lazos sociales es inevitable "lo malo" del malestar, en cambio, cuando la *pasión cruel* invade el territorio de la erótica, quedan homologados el asesinato discursivo y el asesinato real. Por lo tanto, para crear opciones y salidas sobrevivientes particulares e institucionales, si es que concebimos un impulso transformador y no sólo una tendencia letal, hace falta profundizar en las paradojas de la ética y la pasión, sin expulsar como ajeno al goce inherente a las posiciones sádicas y masoquistas, y a la perversidad que se gesta por la estructura de "impropiedad" del prójimo.

Reflexionar sobre lo acaecido y lo actual ya es un paso más en el camino de reescribir el poema genérico, el poema que reconstruya el *después de...* y el *nunca más de...* a la vez que restituya algo de esperanza. Dado que el amor no unifica, la esperanza queda dividida.

Desde cierta mirada, la esperanza es un pedido inconsciente de decepción, o sea, la certidumbre de que la esperanza se concretará tarde y la decepción temprano. Mas puede haber otra esperanza devenida del abandono de las ataduras fantasiosas a los ideales; sería una esperanza jubilosa fruto de un duelo inaugural: el duelo por el duelo de la esperanza, una esperanza inaugurada por la desesperanza no nihilista.

El empobrecimiento erótico puede provenir del exceso de esperanza como del exceso de desesperanza; en ambos casos genera diversos modos de impotencia psíquica y desesperación. El dolor de las víctimas aunque cicatrice, se hereda bajo la forma de un empobrecimiento que supera en mucho al empobrecimiento monetario, es el empobrecimiento de la subjetividad. Este empobrecimiento de la subjetividad es el correlato no sólo de la globalización del modelo capitalista de intercambio y la voluntad de poder que le es inherente, sino de la economía psíquica. Entonces, aun cuando algunos filósofos contemporáneos se afanen en construir una teoría sobre una comunidad por-venir no adherida a los nacionalismos y a las pequeñas diferencias, una comunidad que en lugar de ensalzar lo diferente destaque lo *cualquiera*, aun si tal utopía se concretase, las exclusiones propiciadas en este presente sin tiempo definido, constituirán la llaga del mañana. Luego es difícil sostener interpretaciones y predicciones lineales.

Cada vez que un argumento supone poder explicar la historia global con un discurso estrecho, las singularidades de los pequeños grupos rompen el anonimato y, cuando un argumento explica sólo lo local y particular, el legado transgeneracional reclama un lugar.

Los seres humanos estamos fragmentados por una expulsión primordial; el lenguaje nos expulsa de la beatitud y la "inocencia". Hemos perdido el eslabón con la naturaleza, por eso la violencia es eróticamente real y patéticamente humana. Olvidar este patetismo, esta ironía, puede conducirnos a otros desastres.

Hay Olvido y hay olvidos y hay también un *olvido del olvido*, el cual nos urge a extender un manto sobre lo real de la muerte y el Mal que se asoma inexorable.

Si como pienso y deseo desplegar en este libro, el significante "judío" nombra el síntoma universal adscrito a la xenofobia, su publicación está impulsada por el diálogo con algunos intelectuales de nuestro tiempo y con la pregunta que organizó el Coloquio de Montpellier de 1980: *¿El psicoanálisis, es una historia judía?*[1].

A cien años de su inserción en los lazos disciplinares, el psicoanálisis como procedimiento discursivo subjetivante no puede prescindir de la Historia y de los significantes judíos que sostuvieron el deseo freudiano. Los judíos victimizados en las diásporas fueron considerados por algunos autores "objeto a" o excrecencia de la historia, posición que critico por sus riesgos ideológicos conducentes a más xenofobia, por ello propongo delimitar *lo judío-síntoma del malestar en la cultura*. El significante "judío" al nombrar, por extensión, a todas las formas de xenofobia y discriminación facilita su comprensión.

En el seno del psicoanálisis, mejor aún, en el vacío o inconsistencia de su situación actual, un sujeto-pensamiento labora –según su deseo– con los restos del deseo freudiano y de los fantasmas judíos; lo hace gracias al "ateísmo" implícito al psicoanálisis. Ese sujeto-síntoma no es alguien, aunque pueda adquirir –contingentemente– un nombre propio. Por otra parte, el ateísmo psicoanalítico es refractario a cualquier creencia que se apegue a "un padre" o trascendencia y menos aún induce a tomar el ateísmo como ideología o ceremonial. Más bien el ateísmo psicoanalítico propulsa una ética exogamizante.

La condición judía se ha convertido en el paradigma del racismo y la xenofobia universales, pues el judaísmo no es una raza, no

---

1. *Coloquio de Montpellier: El psicoanálisis, ¿es una historia judía?*, Nueva Visión, Buenos Aires, 1990.

es una nación, no es sólo una religión; la condición judía excede a cada una de esas identidades en sí mismas y a un único rasgo.

*Lo judío-síntoma* nomina la intersección entre *la estructura del lenguaje, la ley de la palabra* y el malestar en la cultura. "Judío" ha sido el significante representativo de la xenofobia pero no el único, de hecho sucede que cada pueblo engendra su "judío", su perseguido o su perseguidor y cada vínculo a su "disminuido" y "modelo".

El psicoanálisis interroga y se interroga. La pregunta se formula desde cierta extranjería –que no es marginación– y el m*undo simbólico* la acoge con hospitalidad o la rechaza. Rechazar la pregunta tiene una única respuesta: alguna forma totalitaria de representar la existencia humana. En cambio, no cerrar la pregunta por la pregunta, implica mantener vivos a la imaginación, la creación y el pensar pues éstos sacuden la finitud y dejan caer atisbos de infinitud.

*Hostis*, extranjero en latín, es también *huésped* y *enemigo*. A la Ley y a la verdad hay que hospedarlas e interrogarlas para que no se conviertan en enemigos. Dice J. Derrida[2]: "La pregunta de la hospitalidad es, pues, también la pregunta de la pregunta; pero por lo mismo, la pregunta del sujeto y del nombre como hipótesis de la generación."

Si aceptamos que el siglo XX padeció de una pasión por la verdad, denegando la imposibilidad de una verdad plena, ello sólo nos abre a nuevos interrogantes, tales como: ¿qué relación guarda esa insistencia por *des-cubrir* la verdad con el Mal? ¿El Mal es uno de los mantos de la verdad o su núcleo de Real[3] más crudo? ¿El Bien Supremo en su sentido de verdad última y pasional, hace mal? Como bien ha dicho Oscar Wilde: "La pasión te obliga a pensar en círculos". Salir del círculo pasional de la violencia insensata, la discriminación prejuiciosa y la crueldad arbitraria, es un desafío de todos los tiempos, del nuestro especialmente.

Freud descubrió lo sexual inconsciente entre los motivos del malestar en la cultura. Lacan develó lo inexorable del goce y sus infortunios. Nos queda entonces, encontrar nuevas formas de suplencia o de *experiencias sobrevivientes* a aquello que el goce en el malestar depara; nos queda desconstruir la erótica de la crueldad contemporánea e interrogarla.

...............................................
2. Derrida, J.: *La hospitalidad*, Ediciones de la Flor, Buenos Aires, 2000, p. 33.
3. Real: lo imposible al discurso, lo que excede a la simbolización y reaparece como goce.

# Las formas de la desmentida en el malestar de la cultura

> ...el odio sigue como su sombra a todo amor por ese prójimo que es también, para nosotros, lo más extraño, lo más extranjero.
>
> JACQUES LACAN

> Podría creerse que los grandes pueblos habrían adquirido comprensión suficiente de sus elementos comunes de odio y tolerancia suficiente sobre sus diferencias, para no fundir ya en uno solo, como sucedía en la antigüedad clásica, los conceptos de "extranjero" y "enemigo".
>
> SIGMUND FREUD

# La extranjería:
## introducción del *Xenos* y del *Guer*

> *La utopía está en el horizonte. Nos acercamos dos pasos, ella se aleja dos pasos. Caminamos diez pasos y el horizonte se corre diez pasos más allá. Entonces ¿Para qué sirve la utopía? Para eso: para caminar.*
>
> Eduardo Galeano

Cuando un autor comienza a escribir decide, a veces sin plena conciencia, cuál de sus ideas privilegiará y qué antecedentes de su pensamiento dará a conocer. La posición del extranjero en Platón y en Derrida, la *extranjería intelectual* de Kertész o el sujeto *cualsea* de Agamben, se cuentan entre los determinantes que precipitan un volcán de hipótesis respecto de la xenofobia y la victimización y respecto de posiciones subjetivas e ideológicas en las cuales queda comprometida la circulación *ética*.

La pregunta que me interesa formular se resume a lo siguiente: ¿cuándo la ética hace cuestión y cuándo la maldad común se transforma en Mal como acontecimiento social?

La base de la moral es la prohibición del mal; la moral define lo bueno y restringe lo que considera malo *a priori*. Distinto es el caso de acontecimientos que podemos inscribir como acontecimientos del Mal, los cuales parecen arrojar brutalmente sobre una situación, excesos de impiedad. Estos acontecimientos ponen nuevamente en circulación la pregunta por la ética pues a los determinantes discursivos se agregan, en su desencadenamiento, excesos de individualismo o masificación y rigidización de lo vano o elevado.

"La ética comienza únicamente allí donde el bien se revela como no consistiendo en otra cosa que en el asimiento del mal"[1]. Agamben supone que hubo un tiempo en que la conquista del bien implicaba necesariamente un crecimiento de la parte del mal que resultaba rechazada e inapropiable en lo simbólico. A todo refuerzo de los muros del paraíso correspondía un ahondamiento del abismo infernal. En cambio ahora, estaríamos atravesando un tiempo en el cual cabe la posibilidad de una apropiación que no deje por fuera ningún residuo

---

1. Agamben, G.: *La comunidad que viene*, Hestia-Dixe/Pre-textos Editorial, Valencia, p. 15.

del Infierno; no dejar fuera la impropiedad imposibilita, para Agamben, hacer el mal. Disentimos con él pues apropiarse acabadamente del mal por lo simbólico es imposible. Por lo tanto, para entender la recurrencia del Mal voy a proponer la hipótesis de que la incredulidad o desmentida del exceso de crueldad y perversidad, es uno de los factores que intervienen en los exterminios masivos, en las victimizaciones particulares y en la violencia que se desata como si fuese casual, aunque no sin contingencia de múltiples factores. Es decir, cuando la impropiedad es arrojada fuera y se desmiente el goce del mal en el otro y en el núcleo de lo propio, se lo padece sin defensa o se lo hace padecer al prójimo, al que se victimiza.

La hipótesis sobre la incredulidad en el Mal se conecta inevitablemente con el análisis de las formas que puede adquirir el sadismo y la propulsión al aniquilamiento del semejante. Si los acontecimientos del Mal y de perversidad organizada desde los poderes encuentran terreno propicio para expandirse y consolidarse, es porque los seres humanos involucrados como *destinatarios-victimarios* desestiman el goce que los lleva a exterminar, torturar, lapidar, violar y sodomizar y, conjuntamente, los involucrados como destinatarios-víctimas se vuelven incrédulos ante la magnitud de la amenaza y del odio, cayendo en estados de estupor e impotencia.

Marcuse acusó a Heidegger, no sólo de incredulidad ante el líder maléfico, sino también de una desmentida intelectual que lo llevó a seguir dando su apoyo al nazismo por considerarlo una *renovación*. En la carta que le escribe el 13 de mayo de 1948, Marcuse cuestiona al hombre y al filósofo de la siguiente manera: "Porque sólo fuera de la dimensión de la lógica, fuera del *logos*, se puede explicar, relativizar un crimen diciendo que otros hubieran hecho lo mismo". Marcuse pone en evidencia cómo la moral común se filtra aún en las mentes claras e interpela a Heidegger respecto del corazón mismo de la lógica de la opinión que entiende como bueno a lo que muchos hacen e instrumentan como normal. Según la lógica que Marcuse le critica a Heidegger, no habría motivos para cesar los tormentos a judíos, negros, mujeres, pues todos lo hacen.

Para Freud el mal no se extermina, pero justificarlo provoca el exterminio del *ethos*. La ética del "no matarás" supone la no naturalización de la Ley que la sostiene; hay casos, como la eutanasia, que dividen a la ética, la vuelve no-toda dentro del territorio de las certezas morales. En cambio, decidir darle muerte simbólica al legado *no matarás* supone naturalizarlo, supone organizar la mortificación del semejante debido a su presencia diferencial.

La ética se sostiene en la fidelidad a un deseo por un sujeto que ha sabido hacer u operar una transformación con su goce, sobre todo, con el goce de la crueldad. Sólo la domesticación de este goce cruel y sanguinario permite el pasaje a la violencia separadora que a cualquier sujeto le es indispensable para desprenderse de aquello que lo atormenta. Separarse de la enajenación, en sus múltiples facetas, requiere de una violencia acotada y desnaturalizada, o sea, simbólica, para poder aceptar la singularidad de lo propio y del otro familiar y extraño.

La idea del "extraño objeto" del amor y del odio, nace del mismo espíritu gregario.

Abraham y Moisés –según Las Sagradas Escrituras– eran ya poseedores del concepto de *Guer*: extranjero, con la connotación bivalente de lo que me es extraño y para lo que soy un extraño. Otro significado de *guer* es "converso", significado atribuido –en los principios del agrupamiento político-religioso-comunitario judío–, al no-judío que abrazaba la ley monoteísta y los preceptos de convivencia (*Mitzvot*). El cumplimiento de estas reglas de *con-vivencia* (de vida vivenciada en grupo y compartida) incluía a lo converso, excluía lo no-judío e instituía lo judío como algo propio.

En el mundo griego la *xenia* –pacto y hospitalidad–, deriva de otra palabra griega: *xenos*, extranjero, ajeno, extraño y a la vez huésped. Es decir, lo extranjero habita el espacio de lo conocido en tanto se aloja como huésped desconocido, luego *el extranjero **no es un ser extranjero**.* Hay un ser del no-ser denominado extranjero, que se encuentra frente a frente en el ámbito de lo familiar, ser de no-ser que se torna insoportable por lo cual se lo intenta aniquilar traspasado el marco alojante. La creencia xenófoba que adormecida bajo el "techo" del pacto de hospitalidad, se despierta inexorable más allá de los lindes simbólicos. Fuera del pacto se extiende el campo de la muerte.

El problema de la segregación, la xenofobia y la discriminación se desata cuando el techo que alberga la hospitalidad, se reduce de tal modo, que en una misma nación, pueblo, vecindario u hogar, el *xenos* se presenta como la amenaza de un espectro, de algo que resucita o vuelve desde los infiernos: lo atroz sin velo y sin alma.

En *La genealogía de la moral*[2] Nietzsche dice: *"existe la verdad no-cristiana"*. Si hay una verdad no-cristiana, hay una verdad no-judía, no-musulmana. La verdad cristiana se constituyó extranjerizando al

---

2. Nietzsche, F.: *La genealogía de la moral*, Gradifco, Buenos Aires, 2003, p. 28.

judaísmo de su seno, o sea, exilió a la verdad no-cristiana ya instituida: lo judío, lo griego, el confusionismo, etc. lo cual implica que el judaísmo no se opone al cristianismo sino que queda por fuera de él y, al mismo tiempo, incorporado ambivalentemente a él: incorporado tanto por amor como expulsado por el odio a ese amor. Así el amor no se opone al odio, sino que se odia *el amor al odio* tanto como se ama *el odio al amor*. Extrañas combinatorias entre amor y odio que el descubrimiento del inconsciente permitió develar.

La negación explícita en la aseveración de Nietzsche: *no-cristiano*, es una negación compleja pues afirma dos existencias: la propia y la ajena; circunscribe un territorio y lo que *ex-siste* a él. Lo yo y lo no-yo. Esta separación no es posible sin la idea de un trauma primordial olvidado que ha dejado huellas inolvidables.

La extranjería simbólica judía se funda con la escritura de un *logos* político-social-religioso: el Testamento, es decir, la Herencia.

Tras el tiempo de consolidación del monoteísmo quedaron sepultados los orígenes no-judíos del judaísmo, justamente aquellos de los cuales aún el pueblo se discrimina y por los cuales los judíos aún son discriminados. Lo no-judío sepultado retorna como miedo a la asimilación o reconversión a otros credos.

Los seres hablantes reducimos el sufrimiento que el pago de la deuda a los orígenes y ancestros acarrea, simbolizando la inconsistencia de los ideales de libertad, ley, saber, justicia y verdad. Cualquier significante[3] absolutizado por la religión, la moral, la ideología, la filosofía, es en sí traumáticamente totalitario. Por ello, que Moisés fuera enterrado fuera de Canaán y se transformara en mero transmisor de la Ley, lo liga a la dimensión humana de la verdad y de la Ley. La muerte no es la muerte, si funda una genealogía y si ésta recibe el legado.

El pueblo judío, amante de la Ley –soportada ésta en el nombre de Moisés, "un padre"–, no deja de padecer por ese amor, transferencia imaginaria del amor a Dios hacia Moisés, vehículo de esa transferencia. Entonces debe existir algún nexo inconsciente entre este discriminarse originario y la discriminación de la que el pueblo fue objeto, entre la desgarradura sufrida con la fragmentación del monoteísmo y la diseminación de los judíos por la tierra. Ese nexo puede ser un fantasma compartido con la fuerza suficiente como para invertir el

..................................................
3. Significante: Elemento del discurso inscrito y decifrable en dos niveles diferentes y a su vez diferenciables por él: conciente e inconsciente, que representa al sujeto para otro significante y así lo determina y efectúa.

deseo de paternidad simbólica y filiación en repetición de la segregación. ¿Es posible revertir este fantasma-destino de la judeofobia? En principio, para lograrlo, hay que partir de la base que el antijudaísmo organizado no es un destino, es una acción política y que el antisemita es el brazo ejecutor de esa acción. Esta acción política puede estar al servicio de varios poderes: un Estado, una masa, una ideología, un partido, un credo, un individuo.

Pensar la vertiente política de ninguna manera elude el problema de la judeofobia en particular y la xenofobia en general, en tanto fenómenos de masa. Muchas veces la acción política queda oculta por la aparente espontaneidad de la manifestación masiva; por ejemplo la quema de mujeres consideradas "demoníacas" no obedecía sólo al arbitrio del miedo ante lo incomprensible, sino a discursos religiosopolíticos que buscaban dominar a través de presentificar los demonios en la imaginación de los fieles.

La persecución racial, religiosa, sexual y política le arrebata al hombre sus marcas personales o las exacerba de tal modo que el sujeto sucumbe, mostrando lo que es para su verdugo: un objeto "revestido" de subjetividad. La subjetividad es como un uniforme, el hábito que hace al monje y del cual puede ser despojado. Cualquier *representación de...* puede caer o ser arrebatada de su estatuto de representante de un Nombre.

Freud no eludió la responsabilidad de manifestarse contra la institucionalización eclesiástica y militar y contra los estados que promueven la integración del "todos" bajo el régimen del Uno sin fisura. Los significantes que colman ese Uno determinan a los *objetos* de segregación.

Hay instituciones que legalizan la uniformidad. Consideremos un ejército de soldados alineados bajo una bandera; cada uno de ellos pierde, al alistarse, gran parte de la función nominante del nombre propio; a cambio recibe un uniforme, un cargo medible en una tabla jerárquica y el número de un batallón; después de este revestimiento representacional cada soldado y todos en conjunto, se pierden como sujetos de una decisión autónoma. La orden y la *voluntad de orden, el poder y la voluntad de poder* (Nietzsche) se desplazan por la tabla jerárquica como única orientación en lo real. La insubordinación a tal representación es castigada con la destitución de la misma. Uno de los castigos antiguos para los desertores era el exilio. El desertor –a través del acto de fuga– elegía exiliarse, encontrar el verdadero camino a casa o la condena. El exilio a ese sistema de poder ya lo habitaba y sólo encontraba sosiego en el acto de fuga.

La cultura actual, dadas las circunstancias político-económicas imperantes, reconoce e identifica a un sinnúmero de sujetos-objetos de incriminación discriminante: africanos, sudamericanos, indocumentados, inmigrantes, discapacitados, niños. Son dispares los significantes "fobígenos" que se agregan al listado de los históricamente destinados al maltrato, por ejemplo, las mujeres. En todas las formas culturales se han detectado incriminaciones y vejaciones crueles a las mujeres: hoguera, lapidación, cercenamiento de órganos, ritos sanguinarios de iniciación sexual, ablación de clítoris y hasta el asesinato de las recién nacidas; éstas son las modalidades que se adoptan para hacer desaparecer de la visión la presencia angustiante del *xenos* diferente.

Si bien el psicoanálisis destaca la importancia del significante fálico en el ordenamiento del sujeto y en el campo de los lazos sociales, su traducción y escasa subjetivación en la vida cotidiana, aviva las fantasías persecutorias respecto de la diferencia sexual con lo cual el sujeto de lo femenino cae bajo el régimen de la humillación. La misoginia es un atributo propio de la *posición masculina*, atributo difundido y aceptado universalmente pues proviene de la fantasmática del hombre respecto de lo femenino, pero también del fantasma de la mujer en relación a la diferencia entre fálico y no del todo fálico/a. El reconocimiento de esta diferencia, tanto por hombres como por mujeres produce pánico. El discurso machista, al desmentir esta diferencia segrega a sujetos en los cuales se destaca la "posición femenina". Esta posición puede estar encarnada por un sujeto varón, al cual el prejuicio social tilda de "afeminado" porque no se erige permanentemente como vocero del discurso falicista. Por otra parte, la sexualidad de nuestra época presenta una polifonía que se hallaba silenciada por los prejuicios y por cierta moral intrusa hasta en el *logos* moderno. Dentro de esa polifonía erótica, las sexualidades "puras" quedaron hoy cuestionadas.

Lacan sitúa que "no hay proporcionalidad sexual", es decir, no hay identidad "hombre" complementaria a una identidad "mujer" que "arreglen" el malestar cotidiano; esta imposibilidad de la estructura del lenguaje misma, produce el despecho imaginario y su concomitante efecto de violencia, desesperanza y mortificación recíprocas entre los sexos y entre los seres humanos. La discriminación a la mujer –como cualquier otra– encubre fantasías inconscientes inquietantes y lógicas sospechosas tanto desde el machismo como desde el feminismo, movimientos éstos de discurso que luchan por controlar la hegemonía en el campo político y de la erótica; esas luchas entre lógicas –o sea, discursos lógicos aunque no por ello totalmente verdaderos–, luchan ante la imposibilidad de revertir la extranjeridad del Otro Sexo. Esta extranjeridad del goce femenino se intenta suplir con la bisexualidad y la transexualidad. A veces estas suplencias son exitosas, otras se alternan con ciclos maníaco-depresivos, que aparecen ante la impotencia del quehacer sexual para remedar la caída del Falo simbólico. La recusación de lo *no-todo fálico* o de su logicidad, tiene efectos en las institucionalizaciones y en los desanudamientos y resquebrajamientos de lazos vinculantes.

Las luchas de géneros ponen de manifiesto el costado real de las extranjerías imaginarias y simbólicas que nos habitan como seres hablantes y sexuados. La fantasmática de cada quien resulta extranjera a la fantasmática del semejante y los significantes paternos que determinan a un sujeto son extranjeros a los significantes del prójimo, aun cuando sean las mismas locuciones y vocablos. Cada quien recibe la herencia simbólica de manera singular; esta singularidad convierte a dicha herencia en algo propio. En el caso que la herencia sea legada pero no admitida subjetivamente, el individuo seguirá siendo extranjero a ella; en cambio, quien se vale de su herencia significante, dentro de su dominio de singularidad no se hallará exiliado; más bien el psicoanálisis descubre el valor simbólico del hospedaje que brinda un "saber hacer" singular con las determinaciones que el goce impone a cada quien.

Los destinos del goce de un sujeto se encaminan hacia el encuentro de una morada simbólico-real donde habitar el poco de felicidad imaginaria que le corresponde al *cualsea*. A veces el arte, el amor, a veces una insignificancia aparente como el cuidado de un animal, alcanzan para suplir los traumas y desarraigos padecidos A ese resorte singular del sujeto lo denominamos "suplencia" y lo entendemos como un *saber hacer con el goce y con el xenos que incluya al cuerpo libidinal y al cuerpo social.*

La pregunta que nos consterna es si para algunos el hacer la guerra o infligir dolor al semejante cumple la función de suplencia, es decir, de sostener cierta estabilidad existencial y mental para tal sujeto. La respuesta puede llenarnos de desazón, en tanto concebiríamos un sujeto que no sucumbe a la melancolía o a la paranoia gracias al mal y/o al Mal. La perversión sádica de algunos descuartizadores, el goce oculto en las familias de guillotinadores, son ejemplos de los distintos modos en que cada ser parlante resuelve su inserción en el lazo de la palabra y el acto. Freud incluye la crueldad entre las formaciones a reprimir en la primera infancia. La compasión y la moral devienen de la represión de la misma.

Mas la perversidad ejecutada sobre un "colectivo" social de manera sistemática, planificada y organizada implica, para los sujetos involucrados, un desarraigo subjetivo aun cuando el trauma se haya recubierto imaginariamente por el ordenamiento institucional. Las obediencias debidas, que deberían no serlo, aunque se presenten como compatibles con alguna reglamentación estatuida, son obediencias al superyó en su faz tanática. Hay trauma aún en aquellos que enajenados a las obediencias, no han podido contener y transformar la crueldad infantil por lo cual la indolencia de la voz superyoica que ordena el goce sádico, aparece de modo vociferante y aberrante.

La resolución del goce para cada sujeto tiene varios destinos posibles: la extranjería radical al lazo social (campo de las psicosis), un saber hacer con el goce dentro de algún lazo socializado, y el exilio intelectual decidido como ruptura con lo establecido y preformado.

La decisión de extranjería intelectual al consenso, a lo establecido, a lo tenido por sabido, clasificado, aceptado, es una posición en sí misma difícil porque sólo se la puede practicar en soledad; la comunicación de su creación inédita –en la cual bulle lo indecidible como bien y/o mal–, no puede evitar terminar integrándose a los lazos institucionalizados, aunque más no sea a sus bordes.

Derrida[4] testimonia su exilio de la universidad de los años '60 en Francia; Kertész de la literatura posmoderna que se desliza indefinidamente por los desgarros padecidos por el hombre del siglo XX sin influir en la dramática de los seres humanos.

La extranjería es el producto de la concatenación de los símbolos lingüísticos que establecen las diferencias, por lo cual ella se inscribe en el muro del *malestar en la cultura* (Freud) y, a la par que se inscribe, deja de funcionar su condición extranjerizante y comienza la función hospedante. Hospedar es volver algo no-extranjero y, a la vez, convertirse en extranjero para algo o alguien que ha quedado fuera. Derrida agrega la función que cumple el huésped de extranjerizar a su anfitrión en su propia casa a través de la extrañeza: extrañarse de sí y del otro, entrar pero quedarse fuera, presentarse pero sin darse a conocer. En este sentido, siendo el huésped también el enemigo, puede resultar un huésped enemigo a ser incorporado, de ser deglutido o absorbido. Esto es lo que ocurre con numerosos jóvenes en la actualidad. En su ideario ha desaparecido la lucha por la integración al sistema, sea político, educativo, económico, etc. Las denominadas

...................................................
4. Derrida J.: *El tiempo de una tesis*, Proyecto Ediciones, Barcelona, 1997, pp. 11 y 12.

luchas de clases, eran luchas de integración al sistema. Hoy las luchas han sido reemplazadas por una marginación elegida. Marginación del lenguaje y reemplazo del idioma por la jerga; marginación del trabajo y reemplazo de la productividad por la mendicidad; marginación de la educación formal reemplazada por la iniciación y formación en la pandilla; marginación del hogar paterno y refugio en el lugar común y la narcotización.

Entre las extranjerías reales, simbólicas e imaginarias que intento distinguir, se encuentra un aspecto que bien podríamos denominar "subjetivante", cual es la extranjería simbólica que efectúa un sujeto que logra separarse del poder enajenante del Otro; extranjerización que habilita la duda, la polémica y la decisión de no dejarse subsumir por la tendencia a satisfacerse con promesas de confort y seguridad. Ello implica no ser cobarde ante el propio deseo, en el cual se condensa la ética de cada quien, e impone no ingerir de un solo trago el vino de la demagogia del discurso de la moral, la política, la religión, la ideología, la nacionalidad. Lacan propone "desabonarse" de sus espectáculos.

La demagogia tiene como fiel aliado a la palabra; como dijo Víctor Klemperer (literato y catedrático destituido por los nazis): "Las palabras pueden actuar como dosis ínfimas de arsénico: uno las traga sin darse cuenta, parecen no surtir efecto alguno, y al cabo de un tiempo se produce el efecto tóxico". ¿Cuál? Nos preguntamos: la acomodación al poder de la palabra tóxica.

Vislumbramos así otra paradoja de la palabra: por un lado su ley nos alberga y apacigua, por otro, nos llena de toxicidad y extranjeridad. La ley simbólica verifica en la palabra un bien-decir y un mal-decir; con lo cual la crueldad, la iniquidad y la violencia se desatan tanto por acatamiento excesivo como por transgresión excesiva a sus enunciados.

La palabra es el arma de cualquier política y toda política concierne a un discurso de poder, pero no toda política está centrada en el poder. El poder centrado en el poder "siempre guarda algo psicótico" (M. Safouan, psicoanalista francés) que rechaza la *ley de la palabra* y expulsa hacia un exilio de lo simbólico.

La xenofobia del mundo actual se racionaliza depositando sus causas en los movimientos migratorios y en la fuerza civil que adquieren las minorías. Hoy las migraciones tienen varios colores; por un lado el color del hambre, la desocupación y el totalitarismo que lleva a millones de seres a emigrar en busca de trabajo, seguridad y paz; el otro color es la opulencia, que lleva a miles de jóvenes a desarraigarse en busca de contratos laborales cada vez más rentables. El desarraigo es la tierra de todos ellos y, al exilio voluntario se suma el equipaje de desamparo que se carga consciente o inconscientemente. Cualquiera de estos exilios supone rehallar al *xenos* que se es para el sí mismo, y al *guer*, extraño, que se porta para el otro. La extranjeridad que se reencuentra en los exilios, no se aviene cómodamente a los progresos de la comunicación, al estudio de las lenguas consideradas "universales" y "vivas", a las exigencias laborales o a la globalización del "happy hour" que ordena la reunión con el alcohol y el reencuentro aislado.

Para dar vuelta el guante del estado actual del pensamiento y la opinión respecto a lo que acontece de lazo y de segregación, hace falta incluir las contradicciones inherentes al entramado discursivo contemporáneo, discurso de pura mercancía, y discernir dónde se producen las mil y una caras del exterminio del sujeto y la subjetividad, exterminio del que el *logos* es cómplice. Dar vuelta el guante de la hipocresía supone ubicar una distinción entre extranjerías y pertenencias mutilantes o constituyentes. El rescate del sujeto está condicionado a la elaboración simbólica del *xenos* y a la *no incriminación imaginaria de lo guer*, y, por ende, a simbolizar el goce[5] como resto y como plus de las operaciones con la lengua en el lenguaje.

---

5. Goce: relaciones de satisfacción y padecimiento inconsciente con el objeto deseado inconscientemente. Resto de la operación simbólica, el goce en el ser hablante, intercepta al placer y sólo es recuperable en parte como plus a su imposibilidad de satisfacción plena.

# Trauma del mundo

>...*para las víctimas ya es demasiado tarde.*
>Elie Wiesel

>*La guerra, ese monstruo de varias cabezas e infinitos pies...*
>Mirta Goldstein

El tema de la ética y por lo tanto del mal y la crueldad, se instala conjuntamente con el problema de las convicciones y las decisiones; ¿qué elegimos hacer, satisfacer?, ¿qué damos por cierto y qué repudiamos? Estas encrucijadas me llevaron a pensar que el desgarro subjetivo esparcido por el nazismo, no podía circunscribirse a los judíos. El trauma judío era y es, un trauma europeo y del mundo entero, hasta podríamos decir, se ha convertido en el trauma de la civilización. Este trauma del mundo se puede discernir a través del párrafo inaugural de la conferencia (después publicada) de Günter Grass: *Escribir después de Auschwitz*[6], el cual dice así: "...Escribir después de Auschwitz y buscar ahora un comienzo, sé que me he impuesto la insuficiencia. Mi tema exige demasiado. Sin embargo, se puede hacer el intento". Inevitablemente nos surge la pregunta ¿a cual intento se refiere: escribir, atestiguar –como lo hace– o buscar un (re)comienzo? Él mismo, en tanto alemán joven durante el dominio fascista, acepta que la historia quedó divida en un antes y un después de Auschwitz (nombre del Holocausto anterior a la aparición de la nominación Shoá). Es decir, también para los alemanes, aunque por distintos motivos al de los judíos, la Memoria es una cuestión de "olvidar olvidar", lo cual requiere de una reacomodación del trauma en cada uno de los sujetos sobrevivientes, y de un reconocimiento histórico no censurado que se transmita a las nuevas generaciones.

Tenemos que estar dispuestos a reconocer que hay trauma en la víctima y en el verdugo, en el cómplice y en el neutral, aunque éste se halle desmentido o desatendido.

Después de la conmoción que produjeron las palabras de Adorno "...escribir después de Auschwitz es una barbaridad, luego no se puede escribir después de Auschwitz", hoy consideramos que al *olvido*

---

6. Grass, G.: *Escribir después de Auschwitz*, Paidós, Madrid, 1999.

*del olvido* se llega *por* reescrituras permanentes del trauma y no por sentencias restrictivas. Durante la Shoá, los prisioneros en los campos cantaban, componían, fantaseaban y se disociaban para poder continuar. De todos modos esta es una parte de la cuestión, la otra, la testimonia elocuentemente Elie Wiesel[7]: "¿Alguna vez sabrán ustedes lo que es despertarse bajo un cielo helado, en medio de un viaje rumbo a lo desconocido, y notar sin sorpresa que el hombre que está enfrente está muerto, así como también lo está el hombre delante suyo, y el de atrás? De pronto un pensamiento cruza por nuestra cabeza: ¿Y qué pasa si yo también estoy muerto, y no lo sé?"

Tomar la frase de Adorno en sentido metafórico-poético, lleva a Grass a decir que el mandamiento de no escribir sólo se "puede refutar escribiendo", (ídem, p. 24) y a Kertész (Premio Nobel de Literatura 2002) que después de la Shoá sólo resta la cultura del Holocausto. Un alemán y un judío "sobreviviendo" a su propia experiencia sobreviviente.

Entonces propongo hablar de *memoriar* –verbo inventado que prefiero a *recordar*–; memoriar u olvidar la tendencia al olvido, no puede devenir del imperativo superyoico de "¡No olvidar!" que trae, para quien lo acata, el olvido por represión o desestimación.

*Memoriar* implica descubrir el falseamiento de la conciencia y restituir algunos fragmentos de historia rechazados, rescatar de la memoria sin velo del trauma, una parcela de Eros que permita el resquebrajamiento de los dogmas y las certezas –al decir de Grass– *enemigos de la vida*.

Grass, escritor, habla como alemán advertido a posteriori, de lo que la Ilustración alemana atea no dejaba ver: las distintas facetas de la idealización que condujeron al pueblo alemán hacia el liderazgo de Hitler.

La idealización es un proceso, según Freud[8] que engrandece al objeto con valores provenientes del narcisismo infantil, por lo cual adquiere para el sujeto características psíquicas semejantes al estado de enamoramiento y pueden conducirlo a desestimar, en pro del mismo, la ética y la moral.

Luego *olvidar olvidar* supone, por un lado, una operación del sujeto, y, al mismo tiempo, el compromiso de renunciar a armar un

...........................................
7. Wiesel, E.: *Súplica por los sobrevivientes. Un judío, hoy*, Ediciones Seminario Rabínico Latinoamericano, Buenos Aires, 1981, p. 190.
8. Freud, S.: *Introducción del narcisismo*, Obras completas, Amorrortu Editores, Buenos Aires, Tomo XIV, p. 91.

rompecabezas con todas las figuras bien dispuestas, renunciar a una buena forma donde nada falte; la verdad se alojará en esa falta. De esta renuncia surge el deseo de legar a los hijos (biológicos genéricos) los claroscuros por donde se filtren los contrastes y divergencias que la verdad acarrea. *La verdad se semi-dice* (Lacan) pues requiere de un velo y de un duelo.

Considero que desconocer el trauma alemán, el trauma europeo y el trauma del mundo, sería tan insensato como desmentir la Shoá. Luego la Shoá, es el nombre de un trauma cuyas secuelas llegan hasta hoy, porque es el trauma de todos los implicados.

Los judíos sobrevivientes están compelidos a desgastar el trauma y a evitar que se borre la historia –debido a la tendencia a desvirtuar la verdad del Holocausto por ignorancia, por motivos ideológico-políticos, racistas, etc.–; los alemanes sobrevivientes también. Mientras en los primeros elaborar lo traumático corresponde a un duelo por la *posición de víctimas*, para los segundos es arreglárselas con la posición de "*los amos de la crueldad*" de una época.

Para los alemanes, este arreglo con el trauma reviste distintas opciones: desde un desgaste paulatino en el tiempo, una desmentida (sé lo que ocurrió pero no lo creo), una forclusión (rechazo radical del trauma en lo simbólico y de las marcas históricas: "*esto jamás existió*") o una transformación subjetivo-colectiva que impida un nuevo horror.

Los alemanes se dividen entre los que desmienten y hasta forcluyen lo traumático afirmando que: "un alemán nunca haría algo así" (testimonio de Grass, op. cit., p. 11) y los que evidencian el espanto tanto por lo perpetrado por los alemanes como por el acto de desmentir los sucesos aberrantes. La desmentida es signo del *horror al horror* que lleva a "no querer saber" por lo cual considero formando parte del trauma histórico tanto a la incredulidad judía ante el horror del sadismo alemán, como a la incredulidad alemana ante el mismo horror en sí mismos: "horror de reconocerse verdugos".

El diccionario nos brinda el significado de "incrédulo": el que se resiste a creer una cosa. O sea, el sujeto incrédulo se divide, se escinde entre lo que cree o sabe y lo que resiste a ello. La incredulidad judía respecto del goce sádico condujo a un anonadamiento subjetivo: los judíos, veían, sabían, olían pero no podían creer. Los que si creían y no desmentían las percepciones de la muerte rondando los campos, huían. Fueron pocos pero los hubo. Conocí el testimonio de un sobreviviente que escapó, mientras su hermano, habiéndose negado a correr y arriesgarse, sucumbió. De esto se trataba, de tomar el riesgo de un acto y de sus consecuencias.

Wiesel agrega: "Durante la catástrofe, las víctimas eran lo suficientemente ingenuas como para estar convencidas de que el así llamado mundo civilizado no sabía nada acerca de lo que les estaba ocurriendo. Si los asesinos podían asesinar libremente, se debía tan sólo al hecho de que los aliados no estaban informados." Hoy sabemos cuán informado estaba el mundo y sus dirigentes, y cuán ilusoria y anonadante era la creencia en la civilidad.

Grass recupera algunos de los lemas nazis con que se alistaba a los jóvenes muy jóvenes alemanes; de ellos rescato a modo de ejemplo el siguiente: "La bandera es más que la muerte". Este lema constituye una de las consignas fundamentalistas que conducen a la inmolación, la guerra y al terrorismo.

La pasión nacionalista que había llevado a los europeos a la Primera Gran Guerra, retornó engrandecida y fortificada en la Segunda. Vemos así planteada la cuestión: hay algo inolvidable del trauma, rechazado, que no se desgasta, y que por eso mismo reaparece una y otra vez como *espanto que no sabe del espanto*; a esta clase de no-saber lo encaro como una desmentida y/o rechazo (forclusión) que excede lo individual y que muchos han clasificado como el Mal.

¿Qué se entiende por mal y qué es el Mal? Es una pregunta a bordear, pues como proyecto de trabajo nunca podría concluirse: la historia continúa ofreciendo sucesos de violencia y masacre, es decir, el Mal se alimenta de la historia y sólo a posteriori de los acontecimientos podemos hilvanar su Historia y reconstruir sus motivos.

¿Es posible encontrar un hilo conductor que hilvane la mortificación perpetrada a los judíos durante Las Cruzadas, durante La Inquisición y en los pogroms (desbordes rusos contra las aldeas judías) con la Guerra Aria de Hitler? Entre los grandes acontecimientos históricos europeos y sus innumerables guerras, encontramos un mismo perseguido: *lo semita* representado generalmente por los judíos y algunas veces por los musulmanes.

Hoy estamos en presencia del fanatismo de una parte del islamismo que intenta la adhesión masiva a sus fines, ¿no será éste también víctima de una historia de hostigamiento que reaparece en forma invertida como intento de castigar al mundo?

Para comprender la magnitud de las formas de discriminación y su recurrencia basta preguntarse qué lleva a los judíos a asimilarse al mundo no-judío y, sin embargo, de esa misma asimilación sacar la fuerza de su *retorno a lo judío* cada vez que se reitera el antisemitismo.

Los niños conocen tempranamente las secuelas de la discriminación violenta y agresiva cuando ésta se introduce como una cuña en los lazos primarios. Cada vez que un niño escucha de la boca de sus padres: "tú familia tal cosa... la tuya tal otra!" reconoce inmediatamente, aunque el lenguaje le sea incomprensible, la brecha que une y separa a sus progenitores. Brecha insalvable ya que está tramada de amor-odio-enamoramiento; en tanto sujeto, puede enamorarse del amor y del odio o intentar separarse de esa atracción fatal que lo objetiva. Ese niño se enfrenta no sólo a la rivalidad entre hermanos –sus padres también son congéneres entre sí– sino a la disputa discriminante por un poder que la razón difícilmente puede conmover. Se enfrenta a la violencia de lo "privado". De las impulsiones de dominio y del desconocimiento que "yo es otro" (Rimbaud), surgen la agresividad y el goce en el dolor del ajeno-familiar.

Las primeras escenas sexuales, de crueldad y de muerte ocurren en la infancia y de ellas brotan angustia y represión, o se inscriben trazos de credulidad y anonadamiento del sujeto. Se puede creer en la bondad o descreer de ella; se puede creer en la maldad o descreer de ella. Se puede creer en una y en otra y descreer al mismo tiempo de ambas. Pero peor aún resulta para un sujeto creer en la bondad y descreer de la existencia en el otro del goce maligno; esta posición es devastadora para un niño y para un pueblo pues los hace quedar a merced del candor furioso del semejante: del cualquiera y del poderoso.

Jean-Jacques Rassial[9] dijo en el Coloquio de Montpellier: "Después de Auschwitz, los judíos deberían saber que no hay cielo, que no hay séptimo cielo de un goce angélico, ni paraíso que sea sede de un reparto perfecto, de un *nomos* acabadamente legal entre los sujetos desconsolados." ¿Deberían saberlo después, o los judíos habían cesado de estar advertidos antes? Hoy, ¿los judíos y los hombres del mundo, estamos advertidos?

La incredulidad en la crueldad desata la crueldad sobre el incrédulo debido a que desconocer las fuerzas pulsionales en el otro, encubre el descreimiento en las propias fuerzas pulsionales (Eros y Tánatos). Este descreimiento es también melancolizante.

Las consecuencias de las desmentidas se miden en violencia; también las consecuencias de la melancolización. Grandes masas de jóvenes deambulantes, alcoholizados o drogados, padecen de melancolía social. ¿No es llamativa la tendencia a la destructividad cada vez más violenta y sanguinaria que observamos a nivel del sujeto

---

9. Rassial, J. J.: "¡Dispersión!" En *Coloquio de Montpellier: El psicoanálisis ¿es una historia judía?*, Nueva Visión, Buenos Aires, 1990, p. 15.

particular y del sujeto social? Al lazo perverso, sádico y masoquista, particular de nuestra era, el sujeto responde melancólicamente. La melancolía social es un modo de desmentir para seguir creyendo. Lo que la melancolización provoca es la inhibición y la impotencia para plantear alternativas y se opone a la posición de un "descreer" subjetivante y creador.

Descreer de la vociferación del Otro, subjetiviza en el mismo acto del discernimiento de la pretensión de totalización y uniformidad de los discursos.

Descreer, perder la garantía de la convicción radicalizada, genera incertidumbre y vuelve conflictiva y hasta dubitativa la existencia humana. Quizás convenga a los fines de precisar algunas ideas, discernir entre incertidumbre, inquietud e inseguridad. Para ello parto de la hipótesis (más allá de los análisis expertos socio-políticos y filosóficos y la teoría de la división de clases) que el mundo actual quedó dividido entre *terroristas y aterrorizados* a causa de los estragos padecidos. A este acople le superpongo las otras oposividades: Oriente y Occidente, pobres y ricos, oprimidos y opresores, invadidos e invasores.

La división entre terroristas y aterrorizados atañe a todas las clases sociales y conforma el núcleo de conflicto, violencia y segregación común a todos los estados. Si algo se ha globalizado junto con el poder de los determinantes económicos capitalistas, son las consecuencias de un estado general de inquietud, fruto de la división que se produjo entre los que traspasan la frontera del suicidio y la inmolación y los que temen o sienten culpa de pasar ese límite. Los que se exceptúan del "no matarás" y los que aún piensan que están excluidos del "matarás". Los que acatan el no matar por cobardía y los que transgreden el mandamiento también por cobardía. Los que instan a matar y los que obedecen la orden de matar. Los que matan con motivo y los que matan sin motivo aparente.

No es inocente quien compra armas para defenderse ya que en su imaginario hay alguien que quiere terminar con él, y esto ciertamente no es falso pero ¡cuidado! con convertirlo en única verdad; la verdad idealizada y única mata e insta a matar.

Dado que en muchos países las autorizaciones y reglamentaciones para portar armas son bastante laxas pues se basan en el principio de "defensa personal", ello convierte a los que no lo hacen en minoría y los deja inermes ante el arma del vecino. A su vez los estados democráticos son los mayores consumidores de fuerza mercenaria. Quizás sea cierto aquello de que la guerra sofisticada de hoy, ocurre lejos pero lo mismo está instalada en cada living y no sólo porque todos los televisores del mundo civilizado están encendidos; la guerra está instalada porque los efectos del siglo XX sobre el siglo XXI recién han comenzado; es la guerra que retorna y no termina de retornar. El trauma del mundo se desgasta con la creación y la producción, pero se vuelve a alimentar de la violencia que retorna y repercute en los oídos del mundo.

Llamo "inquietud" al efecto subjetivo del estado de desamparo inducido por el terror, y lo diferencio de la incertidumbre que resulta de la convergencia del azar con una situación dada. La inquietud es propia de una situación en la cual se ha convertido en ley la no legalidad de la Ley, ley simbólica que ha sido desvirtuada al legitimizarse lo ilícito por la costumbre y/o la indolencia.

La inseguridad, por otro lado, se caracteriza por provenir y corresponder a una crisis localizada; constituye la manifestación de un desacuerdo entre las fuerzas del orden y el respeto comunal, o entre el poder nominado y un grupo que aspira a un nuevo estado de cosas.

La angustia, de cuya pandemia estamos menos advertidos (aunque gran parte de la población mundial está medicada con ansiolíticos y otro tanto diagnosticada con "ataque de pánico") no está motivada en la inseguridad como se pretende hacernos creer –ya que hay lugares en los cuales la seguridad está garantizada por el orden policíaco e institucional–, sino que es efecto de la inquietud ante factores que rápidamente pueden asestar un golpe mortal hasta a las mismas fuerzas de seguridad.

El terrorismo aterra, y la violencia del orden institucional también. Para justificar el terror los analistas políticos buscan razones causa-efecto: "si tal cosa... tal otra", buscan implicancias simples entre factores mensurables estadísticamente o intentan descubrir y proteger algún ideario libertario. Se equivocan (los progresistas, los nacionalistas, los pacifistas, los armamentistas, los ecologistas, etc.) cuando desmienten –por angustia– la complejidad de la insensatez del hombre. ¿Acaso no estamos invadidos por libros y mensajes electrónicos que nos alientan a buscar la *paz interior* como si ésta fuese un bien disociado de la paz exterior, y viceversa?

Los motivos de la violencia justificada e injustificada pueden buscarse en la ignorancia, la miseria, el sometimiento y la sumisión. A estos indicadores agrego el poder desestimado de lo que retorna insensatamente porque sus condicionamientos escapan a la razón, o sea, provienen de traumas globalizados y de traumas que se siguen globalizando por diversos estados de terror: la violencia del régimen laboral, la violencia de la marginalidad social, la violencia del deterioro físico y mental de las drogas, la violencia del encierro ideológico, religioso, político y científico, la violencia del extremismo del capital, la violencia de la destrucción del planeta, la violencia del militarismo, la violencia del estado de desesperanza e impotencia general. El mal no radica en las ciencias, la religión o la ideología, sino en el encierro en la idea única y uniformante y en la fascinación por sus producciones.

La "perversión colectiva" producida por la acumulación de desmentidas de la capacidad de provocar, soportar y organizar el mal, y por la acumulación posterior de discursos que "saben o imponen" qué es lo *bueno y beneficioso* para todos los seres hablantes de la Tierra, da cuenta de una perversión del Padre en la cultura que impide transitar lo heterogéneo.

Este significante desproporcionado: *Padre absoluto e insustituible*, anima la nostalgia de fusión con el padre mítico, nostalgia que se engulle la virilidad y la potencia. La fusión del individuo con el Gran Padre, deshace la identificación parcial viril con el hombre-padre, y melancoliza al sujeto. Este padre puede ser representado por cualquier significante ideal.

En estos casos el conflicto endogamia-exogamia queda en estado latente o se resuelve inadecuadamente a través de soluciones sacrificiales.

Durante el reinado de un Padre (torturador, tiránico, arbitrario) –señal de goce ilimitado–, el sujeto deja de tener opciones de representación plural y diversificada, y pierde el ejercicio de la elección y la decisión. En cambio, la locura transgresiva o fanática y la violencia desmedida se instalan cómodamente.

Stalin, Hitler, son algunos de los nombres del Padre Tirano en la vertiente política, pero los nombres del poder exceden a dicho campo. Cada vez que un funcionario se comporta como si él fuese la ley en lugar de aplicarla, surgen el monopolio de una palabra única y el sometimiento a las reglamentaciones y a las exclusiones.

Cada vez que el terrorista entrega su vida a la causa, restituye al Padre-Amo; cada vez que un joven se entrega a la droga, ésta se constituye en su amo y en su única opción existencial. Cada uno, en su adicción al Ideal, refieren a la Sustancia Salvadora y desmienten el efecto inevitable de trauma que conlleva para la subjetividad el acatamiento al Un Padre.

Distinguimos a nivel del sujeto singular el trauma producido por el Padre que se cree la Ley en lugar de su simple transmisor, y la angustia (denominada de castración) que atraviesa al sujeto cuando destituye al Un Padre de su lugar todopoderoso.

Por otra parte, cada vez que hay trauma social –por acontecimientos de crueldad y aniquilamiento– localizado en alguna región, sus efectos de terror, de enajenación o de explotación se extienden, sin previsión de la magnitud de su alcance, a casi todos los confines de la tierra, y la táctica política de globalizar el sojuzgamiento ataca la subjetividad de la época. Los avances en comunicación lo hacen posible, pero el desplazamiento espacio-temporal de la ideología totalitaria excede a éstos, más bien proviene de la expansión identificatoria con el agresor y la idealización del tirano o el poderoso.

El terrorismo no es un hecho aislado, es una manifestación de lo que no anda en lo "global", de la masificación del pensamiento y de la pasión por el odio, la fe y la ignorancia.

# El exilio subjetivo de las experiencias migratoria, multilingüística y de extranjerización

> *El Mesías va a llegar cuando ya no sea necesario, es decir que sólo va a llegar al día siguiente de su llegada.*
>
> Franz Kafka

Al referirme a "los exilios" supongo distintos niveles de análisis y de motivaciones. Hay exilios intelectuales, afectivos, psicológicos, geográficos, económicos, políticos. Todos corresponden a modalidades de resolución individual y/o colectiva de tramitar las situaciones críticas. *Exsilire* en latín significa "saltar afuera", luego supone lo propio y lo ajeno.

Abordar el análisis de los exilios, exige diferenciar tres niveles: el exilio estructural del sujeto al constituirse psíquicamente, de la subjetividad singular ante lo común a través de la sublimación y la creación, el exilio de la enfermedad mental, los exilios como experiencias transitadas en la vida de los individuos y/o los pueblos castigados con el destierro, y el exilio de lo extranjero a la "comunidad".

Hospedar al exiliado que se es respecto del semejante es angustioso, inhibitorio o resulta un impulso al acto, luego es una operación del sujeto. Este acto puede tender a la integración o a la disgregación. Entre los actos que tienden a la emancipación se cuenta la experiencia migratoria y, a ésta, se anuda la experiencia de sobrevivir física y psicológicamente a la extranjería y a la discriminación.

La extranjería puede ser un sentimiento, una realidad o una posición simbólica.

Los resabios nómades de la cultura y el anhelo de vivenciar la diversidad cultural alientan, generalmente a los jóvenes, a alejarse de los lugares de origen. Viceversa, los aspectos conservadores y afectivos impulsan a resistir el deseo de migrar. La condición *migrante* es intrínseca al deseo humano y éste es, a su vez, motor de viajes hacia y por lo desconocido. Viajes imaginarios, reales y simbólicos.

El multiculturalismo derivado de las migraciones es reprimido en los regímenes totalitarios, obstaculizado por reglamentaciones en los regímenes liberales, y reivindicado por las minorías oprimidas. Por otra parte, en la actualidad, hay un recrudecimiento de la resistencia a recibir al *"recién llegado"*. Los estados intensifican los obstáculos para otorgar visas de residencia a extranjeros pero las sociedades que reclaman esos obstáculos, resultan conmovidas por la violencia devenida de los mismos.

La migración, como solución muchas veces idealizada, no siempre puede remedar los desgarros en el sujeto y en la subjetividad. Cuando los exilios responden a la persecución y a la amenaza de aniquilamiento, exigen del sujeto la recomposición y tramitación urgente de los daños padecidos.

Están los que *emigran y los que inmigran*. Son dos experiencias disímiles aunque congruentes; la primera supone dejar lo conocido-familiar, la segunda ingresar en el dominio de lo desconocido-incierto. No siempre estas experiencias se corresponden en el tiempo, ya que para algunos la disociación entre "tener que irse" y "tener que insertarse" no se suelda, dando lugar a la "nostalgia".

A pesar que hoy las nuevas generaciones emigran con el fin consciente de encontrar nuevos destinos, el análisis psicoanalítico rastrea las huellas de destierro transgeneracional en los descendientes de inmigrantes, y los caminos que en sentido inverso a la historia familiar éstos recorren inconscientemente.

La Argentina fue y sigue siendo un país de inmigración y también de exilio obligado. Lo ocurrido durante las dictaduras de los años '70 provocó que la población resultara dividida entre los que sobrevivieron quedándose y los que sobrevivieron exiliándose. En esos años todos los argentinos creímos sobrevivir al terror mientras los desaparecidos y torturados fueron víctimas de ese terror.

Dado que el exilio y la migración forman parte del territorio demarcado por la extranjería interior –subjetiva– y exterior –del Otro y los otros–, o sea, implican la experiencia compartida del x*enos, entre "yo" y "tu"*, entre el exiliado y el que lo recibe, reúnen trazos de diferenciación, integración y segregación. Este entrecruzamiento es, fundamentalmente, un territorio de lenguas extranjeras entre sí; las distintas lenguas y dialectos conforman el soporte material de la inclusión y la exclusión.

Todos los grupos inmigrantes fundan las mismas instituciones: escuelas, hospitales y templos, y comparten el anhelo de paz y prosperidad.

La sociedad argentina no es consciente del esfuerzo psicológico y económico que sigue realizando para integrar a los que buscan trabajo, salud y educación en nuestro país y, al mismo tiempo, no es consciente de los signos de discriminación entre individuos y culturas que aparecen cotidianamente. Estos signos de ambivalencia, es decir, de reconocimiento y de hostilidad, se transmiten vía las instituciones.

Entre las marcas autobiográficas –por ser descendiente de inmigrantes en segunda generación–, puedo señalar la discriminación a las minorías religiosas que estaba instalada en la institución escolar argentina y que todos aceptaban sin reclamo. En la época de mi paso por la escuela primaria se impartía moral para los judíos y religión para los cristianos, es decir, la institución escolar a través de su programación, transmitía veladamente que lo mismo correspondía al "adentro" y lo diferente a lo "sacado del aula". Este era el procedimiento semanal: los cristianos se quedaban sentados en el mismo pupitre de la misma aula pues eran mayoría, y los otros debían dirigirse a un recinto continuo para ser "instruidos" en la moral cristiana, lo cual llevaba implícito el poder de un credo sobre los otros. Este "sacar de adentro hacia fuera" no debe asombrarnos; constituye el basamento de cualquier sociedad que en sí es fraternal porque, de hecho, la confraternidad segrega para consolidar la unificación de un pequeño grupo o de un país. Sin embargo, en los niños no cristianos identificados con lo *extraño* e inhabitual, en la reiteración semanal del llamado del Otro a levantarse del asiento, se inscribía un excedente: el sentimiento de exclusión-interior que difícilmente se borraría. Lo sentimental se excede cuando algo resta sin simbolizarse. Pero me parece interesante destacar, que algo similar ocurría del lado de aquellos niños para los cuales el *compañero*, adquiría repentinamente la connotación de "desconocido" o "expulsado". También el niño cristiano resultaba "extranjerizado" de su entorno.

La sociedad argentina, conformada por la inmigración, producía y reproducía en sus instituciones, signos de extrañamiento del "otro".

La experiencia "migrante" tiene un fuerte componente de *sobrevivencia* tanto respecto del pasado –a la vez recordado y olvidado– como del futuro –incierto y prometedor–. En esa experiencia las lenguas y sus singularidades abren a mundos insospechados. La lengua hablada reúne, discrimina e identifica al hablante y extranjeriza al que no la conoce. El multilingüismo es a la vez endogamizante y exogamizante; sostiene un intervalo, una distancia y tensión entre la expulsión del otro como extranjero y su incorporación como testigo necesario de la identidad idiomática y del grupo. Sólo que ese testigo puede convertirse en el agente u objeto de un apodo humillante.

El inmigrante debe hacer lugar u hospedar, dentro del monolingüismo de la lengua materna que trae consigo, la lengua que debe incorporar, y sólo lo logrará si ese idioma no pertenece al conjunto de los elementos persecutorios y traumáticos, sólo así podemos entender a los inmigrantes a quienes les fue imposible aprender el castellano porque la diversidad cultural contenía al núcleo persecutorio que continuaba siendo amenazante.

**Los idiomas ponen en evidencia al *extranjero* pues lo dan a conocer en la mala pronunciación** –donde se asientan los retos de la lengua materna–, en las equivocaciones –donde se muestra el deseo ambivalente de pertenecer y no pertenecer–. Pero también destacan al anfitrión en su goce burlón y sádico o en su escasa predisposición a incorporar lo disímil.

La necesidad de abordar y resolver las barreras de la migración y el exilio, impulsan la creación institucional y comunitaria. Como no es posible una institucionalización sin malestar y sin decepción, y así y todo es preferible el encuentro compartido que el aislamiento, las minorías se agrupan e intentan integrarse a las instituciones vigentes. Pero como la xenofobia y la discriminación se ejercen dentro de los marcos institucionales, para los inmigrantes se vuelve necesario deshacer la intimidación que produce la discriminación al diferente.

Cada ser hablante habita un exilio que logra compartir por instantes fugaces en el amor, el trabajo y la creación. La pretensión de un único techo lingüístico, ideológico y ético, acrecienta la estructura del ataque-fuga: la fobia implícita en la xenofobia.

Los movimientos migratorios se trasponen a pertenencias e identidades imaginario-simbólicas. Los cuerpos biológicos trasladan los rasgos y las herencias genéticas, pero esos cuerpos están habitados por lenguas que transportan la herencia cultural. Los cuerpos desaparecen pero las marcas simbólicas quedan inscriptas en las culturas, aun cuando éstas pretendan desmentirlas.

Las migraciones se concretan de manera particular o grupal, por pedido de asilo, por infiltración y hasta por cupos legalizados. Lo que se destaca de todas ellas es que las mixturas raciales, étnicas, nacionales, idiomáticas, exceden a las reglamentaciones y a las costumbres tradicionales y hacen equivocar todas las previsiones y anhelos de pureza.

Las experiencias migratorias extranjerizan tanto al emigrante como al anfitrión, pero a ello hay que sumarle la articulación –azarosa o determinada por el discernimiento lúcido y la solidaridad– de la propensión a cobijarse o encontrar abrigo en las estructuras institucionales. La migración implica una demanda de institucionalización (con o sin papeles y visas), pero las instituciones no satisfacen todas las ilusiones, lo cual no siempre y en todos los casos es perjudicial. A veces despertar del sueño del abrigo de un idioma y una cultura únicos, permite la migración por el universo simbólico que encauza las mismidades y las diferencias aun en el mismo espacio geográfico.

La desmentida de la vastedad del universo simbólico se transpone en intolerancia, en la demanda de garantías o en la nostalgia de lenguas y dialectos perdidos, nostalgia que inhibe la recuperación de los mismos.

## Las extranjerías

La migración por lo simbólico –propiedad de pocos pues son pocos los audaces en cruzar los límites de lo mismo de sí– tropieza con la intolerancia y la extranjerización del sujeto de su *sí mismo*. Concibo extranjerizaciones dispares; por un lado hay extranjerizaciones positivas y negativas. Las positivas son fuente causal de integraciones e invenciones de integración; las negativas pueden llegar al extremo de extranjerizar al sujeto del mundo simbólico y dejarlo fuera de discurso, como ocurre con los genios que se psicotizan después de encontrar "la verdad de las verdades" (Cioram). Hay también extranjerizaciones transitorias y otras voluntarias; decididas o refrenadas; violentas y pacíficas, crueles o padecidas. En todas ellas el sujeto, el grupo, el pueblo o la raza se expropian o no de su ser esto o aquello, y en esa antesala como territorio provisorio, aciertan o yerran la salida que no es más que una entrada en otro ordenamiento del goce. La subjetivación se alcanza por dos movimientos igualmente necesarios; uno de "apropiación" del sujeto de sus marcas, y otro no de expropiación de las marcas tenidas por demasiado propias.

Desde la extranjerización de lo conocido, lo seguro y lo común, algunos acceden a formas de sublimación y otros de suplencia del dolor, del trauma, de la desilusión. Cuando las formas de suplementar o suplir la caída de los ideales y los padres imaginarios fracasan irremisiblemente, el sujeto se abandona de sí y si no halla un modo de sobrevivencia, entonces la destrucción del mundo aparece como alucinación o se ejecuta sobre el propio cuerpo o el de los congéneres.

# Xenofobia y victimización

> *El tiempo del fantasma: Mi padre me pega y yo gozo de ello, sería la voz pura del sentimiento de culpa.*
>
> Eric Laurent

Cuando de niña leí *La Cabaña del Tío Tom*, me preguntaba una y otra vez ¿por qué los negros, siendo tan fuertes, obedecían a sus amos, por qué aceptaban la esclavitud con aparente resignación? Quizás no tenía todavía conciencia del poder de las armas de fuego o del látigo pero, sobre todo, no podía comprender la eficacia psíquica y el poder de la dimensión de la voz del Amo, poder mucho más letal pues se apoya en el miedo, la perplejidad y la incredulidad ante la falta de compasión con que ordena y amenaza.

La victimización es un concepto sociológico que describe fenómenos de sujeción y violencia perpetrados por un individuo o un grupo sobre otro individuo o grupo.

El psicoanálisis distingue las posiciones erótico-agresivas del sujeto y el desafío de éstas a los contratos de convivencia. La pulsión de destrucción (fuerza activa inconsciente derivada de la pulsión de muerte), promueve el "darse a victimizar" (hacerse doler, pegar, maltratar, etc.) y el "victimizar" de modo cruel.

La victimización es concomitante a la oposición víctima-victimario (que la moral común alimenta), por lo cual resulta difícil desmontar su acoplamiento; este acoplamiento se encuentra en la base de innumerables teorías y legislaciones de orden político, económico, jurídico, y antropológico dando lugar, muchas veces, a la desimplicación de las víctimas y/o a la exención de castigo a los verdugos.

El intento de desimplicar a las víctimas se funda en el temor o la vergüenza a culpabilizarlas o dañarlas "moralmente"; tal reacción suele develar una culpabilización denegada a la conciencia o desmentida que –a los fines de clarificarla– trasponemos en un enunciado aseverativo: "se puede culpar a las víctimas", texto inconsciente censurado que refuerza los prejuicios segregatorios y xenofóbicos. Esta culpabilización del prójimo, esconde el odio y el amor desestimados en lo dicho racionalmente pero subyacentes a los actos. La identificación del sujeto victimizado con su agresor o con lo que el agresor enuncia en tanto decir, por ejemplo, identificarse a la excrecencia que el agresor apoda en la **víctima, proviene y refuerza el sentimiento de culpa.**

Generalmente aceptamos sin reflexión crítica la frase: *víctimas inocentes*, frase que suelda y sutura cualquier posibilidad de implicación y responsabilidad. Opera en el interior de este sintagma una certeza, una creencia y una destitución del otro en tanto sujeto. Se le roba la responsabilidad al sujeto sobre su inocencia. Si por ser víctima es inocente, ¿qué responsabilidad tendrá el sujeto cuando decida serlo verdaderamente, por ejemplo, cuando se niegue a matar por "obediencia debida"?

Hay victimizaciones de orden privado; a diario son innumerables los actos de violencia familiar, paradójicamente denominada "cotidiana" (modo de aceptarla incondicionalmente que esconde el gozar de ella), en los cuales suelen haber varias víctimas. Las víctimas, en la mayoría de los casos son las mujeres, efectivamente violentadas y abusadas por la fuerza física o psíquica y los testigos –generalmente los niños, cuando no son ellos los objetos de abuso físico y psíquico–.

El orden público no siempre puede limitar esta violencia, porque su recurrencia satisface motivos inconscientes; en una primera aproximación podemos decir que hay un vínculo estrecho entre el amor y el odio inconscientes que determinan las identificaciones entre víctima y victimario.

¿Son culpables las víctimas? No. ¿Están implicadas subjetiva e inconscientemente? Sí. La posibilidad de implicación es la única manera de abordar y desbaratar la culpa inconsciente que acarrea accidentes físicos, éticos y afectivos. Con lo cual llegamos a una distinción que facilita el análisis: por un lado, la culpa consciente o "voz de la conciencia" que decide por ciertos actos o por la renuncia a actuar, y, por otro, la culpa inconsciente por la cual el sujeto se da a mortificar –aunque más no sea por esa misma voz de la conciencia–. Las "formaciones reactivas" (formas de hacer el bien altruista) enmascaran la hostilidad y culpabilidad inconscientes.

Cualquier intervención preventiva no familiarizada con las motivaciones inconscientes de los factores que desencadenan la victimización, no deshace el nudo del fantasma inconsciente que acopla a víctima y victimario en la locura de la violencia aparentemente casual, por ello esos planes resultan –las más de las veces– ineficaces. Esta idea de ninguna manera anula la concientización necesaria respecto de los desencadenantes de la violencia familiar y social, pero alerta sobre el riesgo de incrementar la voz del superyó y la necesidad inconsciente de castigo ya que esta culpa inconsciente se satisface con la reiteración del sufrimiento y de las órdenes de obediencia a distintos "amos".

Cuando los actos de victimización constituyen hechos históricos por la enajenación que producen en conjuntos numerosos de seres humanos, aunque sin dejar de observar las diferencias con los casos particulares, también suponen implicaciones subjetivas y discursivas insabidas. Así define Lacan a lo inconsciente: saber insabido.

Cuando los casos de violencia doméstica llegan a los consultorios o a los juzgados, surgen en los funcionarios y profesionales las dudas sobre los grados de neutralidad que les son requeridos. Para no equivocar demasiado la intervención, la opción más neutral se la encuentra en no satisfacer la demanda de Justicia absoluta; la justicia puede convertirse en un arma al servicio de la reproducción de la violencia; una justicia enceguecida cae en la arbitrariedad pues responde a un *fantasma justiciero*, es decir a una fantasía que idealiza a la justicia.

La justicia absoluta es un imposible como lo son la libertad y moral absolutas, por ello una sociedad con justicia es aquella que valora la equidad como un fin posible pero irrealizable completamente; llega a convertirse en justa la sociedad que hace el esfuerzo de atravesar las dificultades que plantean las paradojas de la equidad. En este sentido la sociedad –conjunto que aborda un espacio-tiempo como propio– está implicada en los modos con que realiza ese atravesamiento. La desestimación de las paradojas que la ética porta, puede desencadenar un ataque de violencia no previsto o inaugurar un estado de terror.

En general la oposición víctima-victimario es abordada según la lógica de una implicación simple por la que si hay una víctima, hay entonces necesariamente un victimario y viceversa, por lo tanto a alguien se culpa y castiga, a alguien se absuelve y a alguien se intenta reparar por los daños. Las leyes más o menos se fundan en esta lógica. Pero las leyes no pueden anticipar el espectro de atrocidades de las que el hombre puede llegar a ser capaz –ya que éstas desbordan lo previsible– ni pueden responder a la magnitud del sufrimiento psíquico causado por la intimidación.

Por lo tanto, una de las maneras de desnaturalizar la dialéctica opresor-oprimido, víctima-victimario, es poner a trabajar respuestas impensadas al malestar en la cultura. Cada vez que naturalizamos (convertimos en instintos) a las pulsiones de vida y de muerte –Eros y Tánatos–, caemos en estados de enajenación colectiva pues naturalizar es una de las tantas formas de *banalizar*.

Freud habiendo llegado a la Acrópolis[10] discierne en sí mismo un sentimiento de incredulidad ante la conquista de lo que en su niñez parecía inalcanzable: llegar a ver ese lugar, cuna de la cultura occidental; la dicha desmedida por haber alcanzado lo deseado pero que su padre no logró, fue motivo de una reacción inesperada: crece en él un sentimiento de incredulidad, hasta de la existencia misma de la Acrópolis, donde él se encontraba. Descubrir el sentimiento de culpa inconsciente por este parricidio imaginario, lo lleva a teorizar, en *El problema económico del masoquismo*[11], que este exceso de placer puede llevar a algunos hombres a enfermar y a reclamar un castigo devenido supuestamente desde afuera o desde el semejante.

La incredulidad, por un lado orienta hacia la duda, pero por otro, implica que a un juicio de existencia "es" o "hay" se lo desmiente, se rechaza su locación como verdadero. Dado que nos interesa el efecto en el sujeto de la violencia xenofóbica, observamos que éste sabe que hay maldad pero se comporta como si no supiera que la hay, es decir no responde a ella, queda perplejo. Cuando me refiero a la implicación de las víctimas, me refiero al estado de anonadamiento provocado por la incredulidad en el sadismo del prójimo.

El sentimiento de incredulidad no sólo proviene de un logro dichoso sino que la incredulidad más nefasta para el hombre es la increencia respecto del mal que los hombres son capaces de causar y/o causarle. Solamente la incredulidad y la desmentida del poder destructivo del semejante contra el semejante, de la crueldad que no se reconoce como capaz de ejercerse, puede conducir a la victimización de un grupo por victimarios efectivamente eficientes.

La desmentida del poder del mal se sustenta en la esperanza mesiánica y en la ilusión que la compasión y la piedad son connaturales a la vida en sociedad, es decir, civilizada. Hay en esto la ilusión: que la civilización es civilidad "natural" al hombre (humanismo). Freud, en cambio, encontró las fuentes del sadismo y el masoquismo en el narcisismo y el complejo de Edipo.

Ante el mal como ante la muerte se instala en el sujeto una desmentida del sadismo del otro y de las fuerzas tanáticas en el *sí mismo*.

..................................................
10. Freud, S.: *Carta a Romain Rolland (Una perturbación en el recuerdo en la Acrópolis)*, Obras completas, Amorrortu Editores, Buenos Aires, 1980, Tomo XXII.
11. Freud, S.: *El problema económico del masoquismo*, Obras Completas, Amorrortu Editores, Buenos Aires, 1980, Tomo XIX.

El goce sádico tanto se vuelve contra el victimario como la víctima. Claro está que es más difícil apreciar el modo en que se vuelve en contra del victimario, sobre todo ante la permanencia en el tiempo de los estados de terror y de sus amenazas, con el consiguiente convencimiento de que "nada se puede hacer".

El victimario desconoce que goza del mal, y la víctima descree del goce sádico que lo amenaza. Esta dupla convierte al pánico en "estancia o estado".

A la conciencia le resulta difícil tolerar el goce de la amenaza que el verdugo sabe bien como instrumentar en el tiempo. Sabe bien qué ritmo la víctima necesita para gozar-esperar el sufrimiento del golpe, el atentado, la ejecución. Por esta razón, a la increencia del sadismo le es correlativa una posición masoquista del goce.

El sentimiento de incredulidad sumado a la desmentida de las percepciones del goce sádico en el otro y de las percepciones del goce de la espera del dolor, provocan que la víctima sea víctima del sadismo del prójimo y víctima de su incredulidad, lo cual la conduce a reforzar la desmentida de sus percepciones, a intentar ligarlas a través de posiciones sacrificiales de caridad y amor al prójimo o de complacencia, sometimiento y degradación moral. Lo que el psicoanálisis descubre es el goce de la degradación. Para ejemplificar esto bastarían algunos casos de mujeres que aman demasiado, mujeres golpeadas, niños abusados sexualmente por su dependencia al amor de los adultos, novatos vejados en prácticas de iniciación. Estas reacciones de amor masoquista mitigan la impotencia y el odio inconscientes.

Pasar del plano particular al colectivo resulta siempre difícil. Desplegar el concepto de una desmentida e incredulidad colectivas, explicaría insuficientemente algunos hechos históricos tales como la esclavitud de los negros, el exterminio de los indígenas de toda América o la cremación de los judíos, pues en esos hechos intervienen factores de fuerza y poder, los que, sin embargo, no anulan el componente psicológico de increencia en la desmesura del sadismo o del peligro de la impulsión (acción violenta que irrumpe imprevistamente). Sabemos que el "colectivo" se infla de imaginario, o sea, de opiniones, prejuicios, certidumbres y rumores para dañarse o dañar.

Freud descubre que la despersonalización y la alienación sirven al desconocimiento de lo penoso y de la impotencia yoica ante las fuerzas destructivas del opositor.

A mayor impiedad del otro más se refuerza la esperanza en su compasión. El goce cruel desanuda el velamiento que la piedad realiza respecto del cuerpo del otro. Sin la piedad, el cuerpo de la víctima ya es "cadáver". Ambos partenaires: víctima y verdugo, quedan desubjetivados, puro resto de una operación que desata el lazo simbólico legislante de la civilidad. La desubjetivación del victimario y de la víctima proviene entonces de las fuerzas reales de poder de algunos sobre los otros, de un acople fantasmático inconsciente producto de desmentidas a veces transgeneracionales, y de la caída de los diques que contienen al contrato social (asco, pudor, vergüenza, compasión). Esta trilogía, al acoplarse, puede llegar a erigir una **neoformación** que causa un estrago social y sacude a varias generaciones, es lo que ocurre durante los genocidios y la violación de los derechos humanos. O sea, hay un aspecto estructural del mal, y un aspecto situacional en el cual confluyen diversas fuerzas, algunas intencionales y otras inconscientes.

En el trayecto de desciframiento de la cuestión de la incredulidad ante el sadismo del prójimo y del acatamiento resignado a un destino de muerte o dolor, muchos se preguntaron por la postura de la mayoría de los judíos durante el régimen nazi.

Alicia Dujovne Ortiz, se hace la misma pregunta; en realidad se la hace a un sobreviviente por lo cual me perece sumamente interesante transcribir el testimonio que ella recoge sobre los judíos de la región Moguilev-Podolski.

Pregunta: ¿Por qué no se escaparon los 14.000 judíos en pleno a comienzos de aquel verano de 1941, si por radio los urgían a abandonar la ciudad? La respuesta de Abraham Kaplan vino acompañada por un cabeceo comprensivo: "En todas partes hay gente poco informada, que no sabe nada de política, gente que cree que las cosas *no pueden ser tan malas* y familias con viejos y chicos. Los ucranios y los rusos se quedaban porque sabían que a ellos los alemanes no les harían nada. De paso, algunos aprovecharon la ocasión para quedarse con nuestras casas. El 29 de julio, cuando los alemanes llegaron, ya fue muy tarde" (Diario *La Nación*, 32 de octubre de 2005).

La respuesta "*las cosas no pueden ser tan malas*" podría llegar a completarse con la frase: "sabemos e imaginamos que pueden ser tan malas pero no podemos creer en el sadismo; el Padre nos salvará". Esta presunción delata la incredulidad respecto del mal y la nostalgia por el Bien Supremo de un Padre Salvador de todos los padres e hijos. Lacan mostró cómo el sadismo implicaba una desmentida del masoquismo, núcleo primario de todas las estructuras psicopatológicas psicoanalíticas, debido a la identificación incorporativa canibalística del Padre como objeto primordial de unicidad.

En síntesis, las segregaciones y las masacres no pueden ser entendidas solamente según la perspectiva de lo bueno y lo malo pues las mismas responden a complejas formaciones simbólicas y eróticas de las cuales el sujeto es responsable de implicarse, aunque más no fuese *a posteriori* del trauma.

Dado que no parece viable que la educación y la concientización por sí mismas puedan evitar los desajustes totalitarios, al menos desbaratemos la estrategia fundamental de su acción: la práctica de una crueldad irreconocible en sus formas y ante las cuales el sujeto, desprovisto de armas psicológicas y materiales, no tiene otra alternativa que desmentir el dolor que le fue asignado padecer. La interrogación que inevitablemente surge para la escucha de un psicoanalista es si esta incredulidad es defensiva o, a su vez, traumática.

¿Cuáles son las manifestaciones actuales de esta desmentida? El conglomerado capitalista a través de las estructuras institucionalizadas de poder, genera su propias victimizaciones y arbitrariedades, con lo cual todos los habitantes estamos a merced del estado político. Provocar el terror de quedar fuera de la falacia del Estado protector, es hoy el arma más certera de enajenación, lo cual vuelve más directa y eficaz a la acción de los monopolios socioeconómicos sobre los grupos más indefensos, para su aprovechamiento y servidumbre. Por un lado, sabemos que el Estado ya no asegura protección y, por otro, nos obliga a seguir creyendo en el beneficio de estar dentro del sistema. Doble discurso que induce la desmentida y su correlato de arrebato de hampa y violencia.

El extremismo que el sistema capitalista genera, está consustanciado con el extremismo de su aparato. La pasividad de las mayorías ante los exterminios por hambre, ante las vejaciones de la tortura, la violación y la esclavitud (que aún perdura), se pagará con violencia cuando ya no haya posibilidad de regreso a la convivencia. Hay una flecha irreversible que anuda el tiempo de la historia según la implicación o desimplicación del sujeto y las sociedades con su tiempo histórico que, en definitiva, determina su futuro. En este punto anudo la "erótica de la crueldad" de la subjetividad contemporánea y la caída del ideal de "fraternidad" en tanto hipocresía moderna. De este ideal nos ha quedado la hipocresía institucional e institucionalizada.

# Segregaciones, racismo y discriminación a la discapacidad

Si el orden colectivo no se funda en la generalidad (como sí pensaba Durkheim) sino en la excepción que genera singularidad y universalidad de la castración (Freud y Lacan), entonces el sujeto y lo social comparten la cuestión de la falta simbólica y los efectos imaginario-reales de una falta tal. Los lazos entre los seres humanos generan segregaciones en el momento de su puesta en acto real o fantaseada. Pero el lazo ya es acto y el acto siempre guarda algo de error, de equívoco, aun respecto de él mismo o de sus efectos, sobre todo históricos. Cioram[12] piensa de este modo a la historia: como un proceso cuya carencia de esencia evidencia que las verdades que acarrea son "verdades de error". Luego cualquier discurso que se ponga en acto, él o sus consecuencias, yerran en parte y en muchas partes localizables. Con lo cual la segregación es a veces un error pero otras una intención bien definida. Por ejemplo, a cada nuevo discernimiento de un derecho del hombre y del ciudadano le es correlativo un dejar afuera, una exclusión; para fundar lo propio se excluye lo considerado impropio. Esta es una de la tantas paradojas que el ser humano va produciendo en su accionar, pues este accionar es fruto del malentendido del lenguaje, lo cual significa que el hombre habla e intenta acordar y concordar, pero no encuentra en su decir la medida justa que le reasegure pactos sin contradicciones, sin conflictos, sin traiciones y sin trasgresiones.

En ciertos casos, algunas transgresiones son esperables pues ponen en circulación nuevos sentidos e invenciones. La fantasía juega en ello un rol preponderante pues anticipa y define a su objeto de amor y de odio, aunque, fundamentalmente, anticipa sin saberlo, el objeto a crear y el objeto a aniquilar imaginariamente.

Las segregaciones devienen de facetas imaginarias: los criterios consensuados, o devienen de la asunción simbólica de las inscripciones diferenciales, por ejemplo, los actos fundacionales.

En cada acto que funda una diferencia y, por lo tanto, da por caduco o perdido algo, se inscribe la muerte que el símbolo acarrea. Esta muerte es un desasimiento, un desgarro, y hasta una expulsión. Siendo el símbolo, la *muerte de la cosa*, entrar en su reino cobra sentido

---

12. Cioram, E. M.: "Las dos verdades". En *Desgarradura*, Tusquets, Buenos Aires, 2004, p. 12.

para un sujeto, pues lo perdido se constituye en causa de nuevos asimientos. Entonces, separar para resguardar la subjetividad, difiere de segregar para avasallarla; ambas segregaciones conocen su inserción en algún pacto de convivencia o confianza, sólo que en el avasallamiento se traiciona sin dubitación, sin culpa.

A veces se segrega de modo intencional y malicioso para apoderarse de lo que el otro representa en el imaginario; la rivalidad y el racismo se explican desde este punto de vista. Freud[13] describió cómo lo expulsado en la constitución del sujeto reaparece en las relaciones próximas. Lo prójimo puede revestirse de la inquietante extrañeza que amenaza desde un aparente exterior y convertirse en causa de segregación.

Otras veces separar forma parte de una ruptura con lo inquietante, con la extrañeza de lo familiar para alcanzar un plus de libertad. Esta es la operación máxima de una cura analítica y del arte.

En este desenvolvimiento distinguimos las segregaciones explícitas y premeditadas, de las segregaciones implícitas al funcionamiento mismo de las conformaciones sociales.

Las segregaciones implícitas derivan del hecho de que cada discurso[14] ubica lo que rige y lo que le es imposible regir, lo que incluye y lo que excluye, lo que demuestra y produce o lo que pierde de decir, o sea, cada discurso estatuye una legalidad lógica, se regula por ella y le resulta imposible regular lo que ha separado de su carozo.

En los acontecimientos segregatorios víctimas y victimarios están convocados por el discurso que los representa. Los individuos que encarnan tales posiciones se constituyen en objetos dirigidos anticipadamente a ocuparlas. A nivel particular la determinación está dada por el fantasma inconsciente y a nivel colectivo por una conjunción compleja de factores desencadenantes y por la determinación de un discurso políticamente hegemónico, aunque éste puede no provenir del área política. En la ideología xenofóbica se pueden discernir dos facetas complementarias: una faceta unificante que se resiste al cambio y genera la paranoia de la desintegración y la faceta netamente segregatoria que prioriza la persecución. Cuando estas fuerzas oponentes se unifican se cometen delitos de lesa humanidad.

....................................................

13. Remito al lector a los escritos freudianos: *Lo ominoso* e *Introducción del narcisismo*.
14. Un discurso implica un modo de lazo con el otro y lo Otro, instituye un agente, un saber, una verdad y una producción.

Las segregaciones son múltiples, se generan en el espacio intermediario entre lo mismo y lo diferente. Es por ello que los estados democráticos no pueden abolir la discriminación: ni cerrando su economía, sus fronteras, sus grupos nacionales; ni reclamando sus derechos ante organismos internacionales que dejan fuera a tantos otros estados y pueblos; ni alentando la fe en la unificación de las tradiciones; sabemos que éstos son recursos que aumentan las posiciones fobígenas y persecutorias. Tampoco se disminuyen los sentimientos de fascinación morbosa contra el prójimo firmando pactos de cooperación, ni unificando nacionalidades bajo una bandera común, ni abriendo las aduanas, ni creando una moneda única, pues las diferencias han resurgido cada vez que se las ha silenciado, tal es lo ocurrido tras el desmembramiento de la Unión Soviética.

No podemos desviar nuestra mirada de lo que ocurre actualmente en Europa: puertas reglamentariamente cerradas –por lo tanto permanentemente traspasadas ilegalmente–, moneda unificada, discriminación inherente al multuiculturalismo y multilingüismo, racismo, exclusión y terrorismo. Europa –en su discurso manifiesto– tiende a revertir siglos de dominación y colonialismo, pero a su vez ya ha sido colonizada y puede implosionar.

El dilema más grave es cómo enfrentar los fanatismos que creen en lo "natural" de los pactos tanto como en lo "sobrenatural" de los mismos. Por ejemplo, las etnias, las lenguas, las razas, se pretenden naturales cuando en realidad provienen de lazos de parentesco basados en sólidos sistemas contractuales y ritualísticos. Cada grupo representa lo que es hoy, lo que fue y lo que pretende ser, por lo tanto conserva lo igual, reúne lo distinto y excreta lo que le resulta extraño. Cada sector puede relatar una historia de acuerdos y de desacuerdos, de triunfos y de fracasos, de poder y de impotencia. Cada sujeto en lo singular, condensa lo mismo y lo diferente siendo la extrañeza respecto de sí mismo el sentimiento más angustioso del hombre.

Proyectar el malestar interior como maleficio del otro, no es otra cosa que el intento de unificarse para segregar lo intolerable en ese "otro" que se supone "hace mal" aprovechando que la amenaza es homóloga del lado contrario, del lado del contrincante, del enemigo, del vecino.

El malestar intrínseco a la pertenencia social en la complejidad capitalista, parece no encontrar los medios que acoten el monto de Tánatos que ha acumulado. ¿Es posible sostener que el capital mayor que hemos acumulado en los últimos siglos sea un capital de Tánatos? ¿Si esto es posible, cómo deshacernos de semejante cúmulo de toxicidad, de basura subjetiva tóxica, donde enterrarla?

Quizás haya que discriminar entre la violencia insensata y la violencia necesaria para separarnos del exceso de *pulsión de muerte*.

Si bien no hay discurso sin malestar, las denuncias de los excesos del capitalismo sobre la subjetividad y el medio ambiente son una apuesta a limitar la tendencia a la muerte simbólica del sujeto y la subjetividad. Pero la tendencia a la muerte no puede considerarse la muerte ni del sujeto, ni de la historia, ni de la civilización.

Las segregaciones explícitas: la xenofobia, la persecución política, la discriminación racial, religiosa, sexual, económica, la tortura, la guerra o la pérdida de los derechos humanos estrechan la posibilidad de hospedarse en la cultura. El salvajismo y el vandalismo muestran la "otra cara" de la cultura.

La cultura constituye una franja muy ancha de espacio simbólico donde alojarse, cada cual según su deseo y sus modos de goce, y a la vez puede resultar muy estrecha cuando se aferra a las tradiciones de manera radical y extremista, o cuando se vuelve territorio de la banalización de lo indeseable.

Las ciencias, el arte, la política y la erótica, condensan las innumerables y contingentes invenciones que el hombre oferta a la cultura, para hospedarse en ella. Luego las segregaciones nacen del cruce entre la producción de conocimientos, la sexualidad, la ética y la estética y un resto inasimilable en todos estos campos de productividad.

La idea de "hospitalidad" es ambiciosa ya que antes de alojar al visitante, el anfitrión ha tenido que alojarse, él mismo, en una ley de "humanidad" cuya estructura arquitectónica está determinada por la ley *del lenguaje y la palabra*.

Sostener una subjetividad sin conflicto de discernimiento y discriminación supondría estar inmersos en una sociedad de autómatas. Algunos así lo consideran. En cambio, si aún hay quienes se expresan en contra de las manipulaciones, los intereses demasiado individuales –pues todos los intereses son individuales e individualistas (aunque defiendan un conjunto)– entonces no estamos en una época de robotización del hombre, idea que no va de suyo con desconocer el poder de las grandes corporaciones intelectuales y económicas cuyo fin es la "robotización del deseo".

A las segregaciones implícitas a la constitución de nuevos lazos, y a las segregaciones explícitamente intencionales, debemos agregar las segregaciones implicantes y desimplicantes. Es decir, aquellas en las cuales el sujeto se implica y aquellas en las cuales el sujeto forcluye, rechaza y reniega de su intervención y responsabilidad.

Tras las capuchas y los secretos del Ku Klux Klan, estaban implicados esos "buenos padres de familia blancos" quienes en alianza homosexual sodomizaban a los negros, pero esos buenos padres de la xenofobia, no se reconocían en el mal que provocaban ni en el goce que los alentaba.

Los victimarios más convencidos y duros en sus convicciones xenofóbicas generalmente reniegan de un origen mestizo o mixto (sea esta mezcla de identidades de lo más impredecible y sorprendente).

La prueba mayor a la que nos condujo el siglo pasado es a la implicación subjetiva en el exterminio; lo difícil fue aceptar que la crueldad está en el carozo de la subjetividad, y que la verdad de la maldad está en el carozo de la erótica. Como ese carozo es sexual, germina.

Georges Bataille[15] en su libro *El erotismo*, investiga el costado violento que acerca lo divino al vicio y al hampa. Dice: "Ese aspecto violento y deletéreo de lo *divino* era generalmente manifiesto en los ritos del sacrificio. A menudo, incluso, esos ritos tuvieron una excesiva crueldad: se brindaron niños a monstruos de metal incandescente, se encendieron colosos de mimbre rellenos de víctimas humanas, sacerdotes desollaron a mujeres vivas y se vistieron con sus despojos que chorreaban sangre. Esas búsquedas de horror no eran necesarias para el sacrificio, pero marcaban su sentido. No hay nada, hasta el suplicio de la cruz, que no vincule aún, ciegamente, la conciencia cristiana a ese carácter horroroso del orden divino: lo divino no es nunca tutelar más que una vez satisfecha una necesidad de consumir y de arruinar, que es su principio primero".

El principio profano de producir y consumir lo producido, y el principio sagrado, su contrario inconciliable, con "sus efectos de horror vinculados a la presencia sagrada" no se confundían entre sí en la Antigüedad remota. Bataille explica que ese mundo sagrado perdido para el hombre moderno y por ello ambiguo para él, se impone menos a la conciencia que el erotismo de Sade. "...nadie podría negar hoy los impulsos que vinculan la sexualidad a la necesidad de hacer daño y de matar ( ) Al parecer, pues, al describir magistralmente esos instintos, Sade contribuyó a la conciencia que el hombre toma lentamente de sí mismo...". En este tomar conciencia se revela el salvajismo en el cual caen los hombres normales, "la costumbre de linchar es obra de hombres que se consideran, en nuestros días, en la cumbre de la civilización" (ídem, p. 257).

...................................................
15. Bataille, G.: *El erotismo*, Tusquets, Barcelona, 1992, pp. 252, 253.

Los personajes de Sade hablan y por ello, dice Bataille se oponen al auténtico verdugo que calla. "La violencia lleva en sí esa negación descabellada, que pone fin a cualquier posibilidad de discurso" (ídem, 263). Para Bataille, Sade es la víctima que habla para defenderse de lo que cree injusto: "...con ocasión de las medidas de las que fue objeto, se dejó llevar a la siguiente insensatez: prestó su voz solitaria a la violencia." (ídem, p. 264).

La disolución en cada ser hablante de las pertenencias imaginarias ideales, no garantiza la disolución de las redes de la crueldad. Estas pertenencias, como por ejemplo sentirse dueño del cuerpo propio –aunque esto sea una falacia ante la contingencia de la enfermedad y la muerte– se sostienen en identificaciones imaginarias necesarias para que el dolor del semejante sea también el propio, lo cual acote el infligir sufrimiento sin sentido.

La desmentida de la impropiedad del cuerpo ligado al goce y sus modalidades, es una de las fuentes de la presentificación, en las vinculaciones intersubjetivas, del *cuerpo fragmentado reprimido*. La imagen de un cuerpo mutilado –que constituyó el tiempo lógico anterior a la reunión de sus pedazos en un Yo–, aparece como una exigencia necesaria de reeditar, que impulsa al despedazamiento de algún semejante. Muchas formas de tortura que provienen desde la Antigüedad contienen las figuras del despedazamiento; éste ya aparecía en los relatos de los dioses del Olimpo y en otras figuraciones míticas que desgarraban y/o devoraban a sus propios hijos; también en las condenas de muerte por fragmentación de los miembros, las violaciones de jóvenes martirizadas. La ficción y las patologías mentales severas, no agotan las variaciones de la fragmentación sádica del cuerpo de otro ser humano. La fragmentación y la mutilación están en la base de las torturas sistematizadas, de algunos actos vandálicos y de acciones de represalia racial y xenófoba. Muchos ladrones mutilan al que no tiene dinero, se ensañan con el "no".

El semejante, con su imagen erigida ante la mirada ajena recubierta con sus rasgos diferenciales y sus miembros distanciados del Ideal o demasiado cercanos a él, despierta la intención de romper el espejo que propone y destruirlo *parte por parte*.

El discapacitado, por presentificar el desgarramiento de la ilusión de completud y unificación, despedazamiento que se vuelve insoportable y angustioso, despierta el odio que lo re-inviste como cuerpo extraño y lo segrega.

La mirada mutilante justifica la disgregación en partes de la imagen global del semejante y, aunque ésta nunca es suficientemente total, aquella la despedaza. A veces ese despedazamiento es llevado a la acción. El cortador de trenzas, el seccionador de cadáveres, el mutilador de pies y de falanges, corroen la falsedad de lo tenido por bello, pues lo bello encubre el horror; horror que sale a la luz en las torturas de cuyos relatos Sodoma y Gomorra son los nombres más antiguos pero que se han multiplicado en el transcurso de la historia.

El discapacitado delata la ficción de la completitud corpórea o la perfección mental; su testimonio de imperfección pone en acción al odio narcisista inconsciente y a las formas restitutivas del amor al prójimo derivados de las fallas en la asunción del desamparo humano.

Así como en el enamoramiento la mirada del enamorado embellece el cuerpo del amado, la mirada del odio mutila y exacerba el horror ante la castración.

# El ideal de globalización como estrategia segregatoria[16]

> *Identificar una verdad a una potencia total, es el mal como desastre.*
> ALAN BADIOU

> *...se trata de una cacería, no de política.*
> JEAN ALLOUCH

Para que la acción política no se torne una cacería, parafraseando a Allouch, debe orientarse en la búsqueda de la emancipación, a pesar que ésta no posee un significado único. La emancipación es una noción que se puede aprehender mejor en el interior de la tensión entre la ilusión de alcanzarla y la elucidación de que no puede conseguirse plenamente. Este "entre" expresa la posibilidad que un sujeto no acate, indiscriminadamente, a los discursos totalizadores y en particular a la globalización del ideal capitalista. Emanciparse de cualquier discurso globalizador, pero además, emanciparse de la globalización como estrategia política, aunque más no sea parcialmente, constituyen los dos más importantes desafíos contemporáneos.

Lo que hoy conocemos como globalización consiste en una estrategia para asegurar que nada obstaculice la continuidad institucional del Discurso Capitalista. Podemos decir que la globalización sutura cualquier intento de ruptura política para lo cual usa al sistema representacional en su conjunto con el fin de reproducir equivalencias y analogías que reniegan de la complejidad y la multiplicidad de todo lo que es, pero fundamentalmente, a fin de renegar y rechazar las combinatorias discursivas que introducen giros, desvíos y descubrimientos.

Una de las tácticas de la globalización es la *liquidación de lo singular y lo disímil* a la par que insta a la renovación permanente y reproducción innumerable de lo similar, es decir de aquello que teniendo una propiedad única se comparte a través de la reproducción "símil" (símil-cuero, símil-lana).

---

16. Fragmentos de este texto fueron publicados en la revista *Imago Agenda* del mes de junio de 2006, Buenos Aires.

La liquidación de las diferencias y complejidades se consolida por la institucionalización de dos suturas de efecto globalizante: la primera entre economía y política y la segunda entre tecnociencia y economía. Mientras la primera sutura afecta directamente a la democracia, la segunda lo hace indirectamente pues está al servicio del uso incondicional del saber científico por parte del capital privado. Esta segunda sutura –sostenida ostensiblemente en el paradigma positivista-genetista y pragmático sobre el cual se organizan la mayor parte de las investigaciones– ha transformado en las últimas décadas, la planificación y transferencia a la comunidad de la educación, la vivienda, los insumos y bienes públicos y, fundamentalmente, ha alterado la proyección del tratamiento de la salud física y mental según el predominio de la medicalización y la degradación del valor terapéutico de la palabra.

El capitalismo, vocero actual del discurso Amo, es calificado de "salvaje" pues sutura la diversidad y promueve sistemas "cerrados".

Consumo, seguridad, capital, democracia, se han convertido en significantes cerrados porque promueven girar en redondo, girar por un circuito que vuelve siempre al mismo lugar: a la afirmación hegemónica del *capital*, como amo incuestionable.

Las suturas silencian a las potencialidades; lo más sobresaliente de su accionar es que generan falacias. Por ejemplo, hay implícita una falacia entre el ideal de la conquista de la educación para todos, lema general e incumplido, y el poder del saber calificado, acumulado y desocupado, por otro. La contradicción se extiende a la concentración de los bienes y la inserción laboral para unos pocos, y el de-sequilibrio de oportunidades para los restantes. Sin embargo esta contradicción es intrínseca al discurso capitalista y cuando se desmiente su carácter de falacia –o argumentación viciada–, es imposible resolverla. Desarticular las falacias puede conducir a salidas insospechadas de los atolladeros del discurso.

La sutura provoca una inhibición de la acción política, su parálisis o su rebajamiento a gerenciamientos mañosos, corruptos. Por una parte sigue reforzando la esperanza en la democracia representacional, es decir, la ilusión que las mayorías verdaderamente deciden –gracias a las propuestas partidarias– en las urnas, pero por otro, los votos se convierten rápidamente en mercancía.

¿Con qué herramientas contamos para discernir transformaciones que nos saquen del laberinto capitalista sin caer en el nihilismo o el reformismo?

Julia Kristeva en el libro *El porvenir de la re-vuelta*[17]: sostiene que las crisis condicionan las salidas; presupone un "hombre en re-vuelta" encausado en procesos de reformas y síntesis dentro del sistema. ¿Por qué disentimos con ella? Porque las severas críticas a las crisis del Imperio que se vienen produciendo desde hace varias décadas, no promueven la invención de otro discurso. Quizás cada ciudadano del mundo reafirme que estamos en crisis, pero de esa aceptación no se consolida un cambio.

Es importante tener presente la diferencia entre reforma (que no implica rupturas verdaderas) y la autoorganización de un acontecimiento que se instala por una nominación también innovada e innovadora, por una invención política que, como dice Ulrich Beck en el libro *Inventar lo político*, entre sus alcances nomine a lo que ya no sería la modernidad reflexiva posindustrial.

Baumann en el libro *Modernidad líquida* escribe: "La sociedad que ingresa al siglo XXI no es menos 'moderna' que la que ingresó al siglo XX; a lo sumo, se puede decir que es moderna de manera diferente." ¿Cuál sería el nombre que nomine esa diferencia? *Modernidad tardía* no alcanza para nombrar el entrecruzamiento de los paradigmas ya consensuados con los que estarían surgiendo. No contamos con el nombre de las diferencias a las que se refiere Baumann, pues aún esa diferencia inexiste como discurso político y social coherente.

Lo *político* se entiende según dos modos de funcionamiento. Por un lado, la política es uno de los campos en el cual el pensamiento puede efectivizar la práctica de conservar o transformar los lazos culturales, sociales y sobre todo los lazos del poder o con el poder. Por otro, cada campo en el cual algo de la subjetividad se despliega, lleva implícita su propia política: la que el sujeto fiel a esa peculiar verdad que lo convoca (por motivaciones conscientes e inconscientes) pondrá en acción.

Por ahora sostenemos que las re-vueltas al capitalismo sólo lo reforman y que el acontecimiento político –contingencia mediante– que lo sustituya, actuará como un *sujeto-pensamiento* que instituirá la diferencia y se volverá a transformar en la medida de la implementación de esa diferencia.

Como hay distancia entre el acontecimiento y su institucionalización, el acontecimiento no puede no ser traicionado, aunque sólo

--------

17. Kristeva, J.: *El porvenir de la revuelta*, Fondo de Cultura Económica, Buenos Aires, 1999, p. 18.

una no-traición o fidelidad al sentido de su verdad, lo puede mantener vivo en el tiempo y por cierto tiempo.

La globalización al imponerse como el brazo ejecutor rotundamente fiel a la política capitalista, asegura la continuidad pervertida de éste y, por ende, se lo considera eterno. Su institucionalización le es tan fiel a sus condiciones, que no cesa de reproducir su malestar.

Concordamos con Kristeva en que un pensamiento sobre la emancipación es un pensamiento que practica la re-vuelta, entendida ésta como "libre cuestionamiento e inquietud permanente". Sin embargo, esta re-vuelta en estado permanente puede no ser más que la continuidad de las reformas ya acordadas.

La utopía se acerca mucho más al acontecimiento pues éste es utopía. Una utopía es un no-lugar, o un lugar que no existe aún simbólicamente o aquello que no encuentra un lugar de inscripción y/o de realización en la estructura social; es también una quimera, una ilusión o un proyecto irrealizable. Parece entonces, que ciertas cuestiones discursivas no pueden inscribirse si no es como *error epocal, como un "fallido" a lo esperado por una época, como una equivocación a la fidelidad inquebrantable a lo existente.*

Cuando una utopía se autoorganiza en un acontecimiento e introduce un orden nuevo en el pensamiento, prueba que lo imposible no lo es necesariamente, pues puede advenir por un imponderable. Este acontecimiento no concierne, de manera inmediata, a la sociedad global sino a una situación local. Luego no hay acontecimiento natural; las situaciones naturales son las que mantienen un criterio global, y las *situaciones históricas*, se autoorganizan localmente y se transmiten complejizándose. Mientras el acontecimiento restablece la singularidad, lo tenido por natural la elimina.

La globalización se expande destituyendo cualquier singularidad, por eso es una situación saturada de ideología con el fin de la reproducción incesante del capital, la uniformidad de la subjetividad y la expulsión segregatoria de lo que interfiere ese desarrollo.

Por otra parte, no debemos suponer que si aconteciera un discurso nuevo al discurso capitalista, un exceso a este, decididamente caería bajo el dominio valorativo de lo bueno. Estaría del lado de lo exótico a la situación, pero aún no se podría decidir si es mejor o peor que lo anterior. Esta indecidibilidad y su carácter de imposibilidad de anticipación, tienen un efecto aletargante en la subjetividad de la época, promueven el conformismo en lugar del coraje. El coraje no es más que riesgo a alojar una incertidumbre, el riesgo de una apuesta.

*El acontecimiento es la potencia de lo imposible vuelta acto.* Este acto recibe un nombre y una fecha de nacimiento, pero excede a ellos. Por ejemplo la modernidad excede a la Revolución Francesa y a la Razón Científica, pero podemos decir *a posteriori*, que se autoorganizó gracias al cruce azaroso entre una y otra.

Por lo tanto, la autoorganización de un discurso que modifique al capitalismo imperante, indiscernible por el momento, podrá acaecer mientras mantengamos la sensatez de localizar tramos acotados de verdades singulares, y mientras no resignemos el coraje para inventar. De esto se trata el "coraje": pensar salidas al malestar, a sabiendas que esas salidas inventadas no estarán sujetas anticipadamente ni al bien ni al mal. Más bien son las anticipaciones de lo que es bueno o malo y su rigidización, las que suturan las invenciones políticas y promueven los sistemas totalitarios.

La globalización segrega, a través de su poder uniformante (en todas las tiendas del mundo se compran los mismos productos, y la moda requiere de nuevos productos a la vez iguales y diferentes entre sí). Es interesante el fenómeno de producción de la moda pues los diseños, que resultan inaccesibles por su alto valor comercial, son imitados –por las mismas fábricas que fabrican los originales o por otras subsidiarias–; los originales provocan la segregación del consumo mientras las imitaciones baratas generan la uniformidad. Así queda consolidado el sistema de reproducción del espacio imaginario: originalidad-uniformidad que "usa" y "aprovecha" para sus fines, de la estructura del "deseo insatisfecho".

Mientras ésta parece convenir a una descripción de Occidente, del otro lado del planeta se igualan las diferencias a través de reglamentaciones rígidas de la vida pública y privada. La otra cara de la globalización es la masificación y la masificación está implícita en la globalización. En aquellos lugares donde las masas se alzan en contra del capital de manera fanática, desconocen la masificación a la que fueron conducidos. No quieren ser objeto de consumo capitalista, pero son consumidos como "objetos-masa".

Se equivocan quienes suponen poder instrumentar una reconducción de las masas por vía del esclarecimiento o por la intervención militar; esas intervenciones sólo extreman las oposiciones.

Lacan en 1967[18] anunciaba que a la extensión del discurso mercantilista le sería correlativa la extensión de los procesos segregatorios; el

---

18. Lacan, J.: "Proposición del 9 de octubre de 1967". En *Momentos cruciales de la experiencia analítica*, Manantial, Buenos Aires, 1987.

análisis del presente verifica tal aseveración: el discurso discriminatorio avanza a pesar de todas las luchas por los derechos humanos y civiles y por las libertades raciales, religiosas e ideológicas.

La colonización del mundo en pro de una democracia universal, ceñida a un ideario predeterminado, sólo le ha deparado a Occidente más xenofobia y terrorismo y a Oriente mayor exclusión, pobreza y guerras.

Ante las disyunciones éticas que se presentan hoy, el sujeto actual se pregunta por una salida, se interroga por las encrucijadas que lo llevan a desistir de la paz, la igualdad y la fraternidad después de haberse desengañado. Para acceder a su deseo, no puede eludir preguntarse: ¿a qué goces se fija el sujeto de la *historia capitalista* y el sujeto que cree contraponerse al capitalismo?

Las políticas centradas en la expansión del poder ponen en juego estrategias y tácticas de globalización; hoy la *globalización* deja sin cabeza, sin cuerpo y sin deseo a la mayor parte de los seres hablantes. Podemos compararla con una máquina infernal que castiga a las mayorías sin discriminación, con el fin de "discriminarlas" a sabiendas del efecto de violencia, delito y sed de venganza que ello trae aparejado, pues este efecto es la única manera de reproducir las condiciones del retorno de la agresión y sus secuelas.

La globalización como táctica tiene como estrategia el dominio de la comunicación y la información; este dominio distorsiona y atonta para impedir que se reflejen, por opacidad, las sombras de la verdad y la mentira en la boca del Amo.

A diferencia de un Fukuyama, quien anunció el fin de la historia, y de los posmodernos que insistieron con la caída de los grandes relatos, pienso que la historia continúa y que lo hace *por cortes, quiebres, re-inicios y repeticiones*. Es posible que haya movimiento retardado de subjetivación, lo cual dista que no haya movimiento histórico. Lo que ha caducado es el estilo profético de la historia; hoy es posible pensar la historia desde la perspectiva de cierto azar y autoorganización de los procesos, basta recordar la caída implosiva del Muro de Berlín y de la política que lo sostuvo.

Freud había señalado tres profesiones imposibles: analizar, educar y gobernar, entiendo que hay una cuarta: historiar. *Historiar* no es meramente historizar hechos ni vaticinar el futuro. Historiar es el resultado de tomar posición crítica respecto del pasado y el presente teniendo como horizonte el futuro de la verdad (o sea, implícitamente que ésta en ningún momento es *toda la verdad*) y como futuro, el horizonte de la verdad. ¿Pero qué crítica? Para salir del discurso nihilista que enloquece la subjetividad hay que emprender una crítica de la crítica que gira sobre sí misma. Quizás baste con dejar de eludir la responsabilidad por miedo a oponerse, por miedo a despertar al demonio del hostigamiento y la censura.

Seguramente no sobrevolaremos las determinaciones de la violencia y la enajenación del sujeto con llamados humanitarios, en esto concuerdo con Žižek, pero tampoco con posiciones nihilistas. Disiento con él cuando dice que no podemos convocar a "hacer algo" pues la acción sirve al fin de que todo el sistema de dominio siga igual. En pro de sostener este argumento, cita a Badiou –a mi entender de manera inadecuada– en la siguiente frase: "es mejor no hacer nada que contribuir a la invención de caminos formales que hagan visible lo que el Imperio reconoce ya como existente". Imbuida del espíritu de la obra de Badiou, me atrevo a sostener que éste no pone el acento en "no hacer" sino en *"caminos formales"*. Se trata de inventar caminos *no formales*, es decir, no representativos ni participativos por delegación; ésta es su propuesta política. Se trata de descreer en lo que el sistema obliga a creer: "lo único *posible* es pragmático, ventajoso y eficiente"; se trata de darle alguna chance a lo que consideramos hasta ahora imposible y, por lo tanto, nos demanda un acto en más, no en menos. Lo imposible se desanuda por un acontecimiento y por un acto de nominación y reconocimiento de ese acontecimiento. De lo contrario el nihilismo posmoderno queda asegurado y eternizado.

Para Žižek[19] la amenaza actual es la pseudoactividad; no lo dudo. Sin embargo la amenaza devenida de un sentimiento de resignación al poder del Imperio, engendra una pasividad tan peligrosa como la actividad que lo sostiene. Más que actividad y pseudoactividad, observamos, a nivel de todas las institucionalizaciones, una pasividad conformista y adaptativa que asume el poder del populismo, la demagogia, la tiranía, pero, sobre todo, del acatamiento y la resignación.

La globalización exige la integración de las diferencias entre el centro y la periferia y la libre circulación de los capitales, dice Baumann[20], pero justamente, a costa de liquificar los espacios y los tiempos.

---

19. Žižek, S.: *La suspensión política de la ética*. Fondo de Cultura Económica, Buenos Aires, 2005, p. 8.
20. Baumann, Z.: *Modernidad Líquida*, Fondo de Cultura Económica, Buenos Aires, 2003.

La diferencia entre un hombre instruido y el que no lo es, ya no depende sólo de la educación formal recibida, sino de la "pedagogía" de la empresa. Hoy la empresa brinda capacitación específica a alguien con recursos múltiples y a cambio hace depender al individuo del temor a caer fuera del sistema, lo cual ha modificado las formas de vinculación amorosa, los ideales de maternidad y paternidad, la perspectiva de las etapas vitales, las investigaciones científicas, los criterios de reproducción, las formas de lazo familiar, etc.

De esta situación deriva una visión menos bohemia de la marginalidad, visión que pretendía encontrar protección subjetiva en las instancias de borde. La marginalidad es *desprotección* por parte de la centralidad aún en los sistemas con seguros de protección.

El hambre hace resurgir al "errante" y al "erradicado", y estos ponen en circulación la faceta actual de la falla del sistema.

Hoy la exclusión está incluida por la omisión política del Estado y por el exceso de política empresarial.

El Estado gobernado por la Empresa, pone dos condicionamientos: el primero estipula que todo es mercantil y el segundo que lo que escapa a la mercancía debe ser segregado. Pero para que la mercancía siga teniendo valor, el valor va fluctuando y mudándose de residencia. Lo que en un momento es valorado al siguiente puede ser desechado, incluso el hombre, su tiempo y su esfuerzo.

Al asalariado se lo "reconoce" mientras conserva el salario, bajo esa condición se le permite consumir para lo cual se le otorgan créditos, mas si pierde el puesto de trabajo pierde también su condición identitaria de "pobre" o de "gerente". La demanda de consumo le está regulada y dirigida de antemano pero, sobre todo, su condición deseante.

Dado que los escollos para una salida no violenta de los dilemas actuales son innumerables, voy a referirme sólo a un aspecto: a la determinación que ejercen las leyes de mercado sobre la economía libidinal del sujeto.

Considero que el resultado en la subjetividad del discurso globalizado capitalista, es la identificación al *residuo*. Al igual que cuando me referí a los judíos, las masas no son residuos sino que se identifican a ello porque esta identificación es el último baluarte en el cual sostenerse *vivientes*. Aceptar la caridad de los comedores populares no se reduce a recibir alimento sino que representa inscribirse en la larga cola de los desposeídos para "ser" *eso* que es más que "nada".

Para no ser arrojado fuera de la legalidad el sujeto es demandado a un reciclaje de sus potencialidades. Esta demanda de reciclaje ilimitado queda subsumida y disfrazada por la ideología de la *justicia social*, cuyo mayor contrasentido es que al ponerse en práctica instala una sociedad de justos que se excluyen de la justicia. La frustración y privación de justicia durante largos períodos motiva la emergencia de la violencia.

La ciudad "global" muestra las facetas de su propio conflicto. Arroja basura y recoge basura; se convence a sí misma que descarta su chatarra en el suburbio, pero el suburbio penetra en ella para poder efectuar la reconversión y transformar al cartonero en trabajador, al individuo-resto en sujeto productivo. Sin embargo, esto no alcanza para que el sujeto de la historia persista como deseante. La abdicación del deseo deja secuelas en la subjetividad y éstas tienen consecuencias sobre el futuro de la civilización.

La drogadicción, el pánico, la anorexia, la bulimia y la melancolía llenan los consultorios pues son muchos los que se identifican al desecho; esto se debe a por lo menos dos factores: por un lado como individuo se encuentra desperdiciado por el sistema y por otro, como sujeto, padece de la enajenación de su condición deseante. ¿La consecuencia? El incremento desmesurado del dolor psíquico y la melancolización de numerosos sectores poblacionales del mundo.

Algunos monopolios farmacológicos y médicos clasifican la melancolización masiva bajo el rótulo de *bipolaridad* y así masifican su abordaje y tratamiento. ¿Cuánto de desubjetivación siguen produciendo?

Las ciudades están pobladas de pertenencias insólitas, algunas cada vez más violentas, más fascinadas por la muerte. Los *dark*, los *heavy*, los *punk*. ¿Quiénes son realmente esos jóvenes tras esa fachada que los agrupa pero también los margina? ¿Qué denuncian? ¿De dónde surge la necesidad de inclusión por exclusión y hasta de torbellino hacia la muerte?

El sujeto del reciclaje, abrumado por las demandas de movilidad interna y externa, no tiene tiempo y espacios para sus duelos.

La globalización de un régimen que regula lo "que nos hace falta", nos ha dejado a merced de la desmesura de una época que se ve a sí misma como fuente de luz (ideológica, militar, religiosa) en lugar de dejarse calentar por el sol.

# Los nombres del sujeto y las fluctuaciones del síntoma

La cuestión del sujeto es paradigmática de la modernidad pero también controversial; por un lado "sujeto" es el nombre *del hombre de la modernidad, el nombre del sujeto racional* que la ciencia especifica a través de la oposición con el objeto de estudio, nombre que dio origen a la diferencia entre subjetividad y objetividad y a diversos *logos*.

*Sujeto* es lo sometido, pasivo o determinado, lo que subyace, el sustrato, el espíritu interior en oposición al mundo exterior, y también materia, asunto o persona, del cual se predica algo. En cuanto el sujeto está en relación a una verdad, hallamos un sujeto estético, un sujeto amoroso, un sujeto inconsciente, un sujeto político y un sujeto investigador; en cuanto está sujeto a un ideal el sujeto se constituye en líder o modelo, y por estar sujeto a su fantasmática se enfrenta al destino que ésta le depara.

Hegel defendió la noción de un sujeto que es nada de sustancia; lo entendió como el lugar vacío donde la apariencia nos hace creer que hay algo.

Algunas corrientes psicológicas actuales reinterpretan este vacío como "algo" y construyeron una "psicopatología del vacío": tener vacío se adscribe para ellas a la anormalidad y no tenerlo a la normalidad. Los estados de ansiedad, son considerados trastornos que evidencian el vacío "que se tiene", lo cual continuamente refuerza la producción de ansiolíticos y de ideologías psico-médicas que los prescriben. Estas corrientes desmienten el vacío constituyente del sujeto y la subjetividad.

Con el advenimiento del concepto de *sujeto del inconsciente*, introducido por el psicoanálisis, se concibió una noción del deseo cuyo objeto no es un objeto sustanciado sino *es deseo de que el sujeto tenga la oportunidad de seguir deseando;* es un deseo de deseo abierto. Este sujeto, estructurado según la lógica del deseo imposible de colmar, le sustrae al hombre moderno idealizado por la ciencia, la omnipotencia crédula en su conciencia y raciocinio, pues si concientemente el Yo anhelaría ser colmado narcísicamente, la aproximación al bienestar total lo angustia. Esta completud imposible y no realizada es lo Real en la teoría lacaniana.

Sujeto –en su vertiente clásica– es uno de los nombres que responden a la pregunta: ¿quien soy?, a la cual se ha respondido con el ego, el individuo y el Yo. Dice Heidegger[21]: "Nos preguntamos quién es este ser del 'yo soy', ¿quién es el quién del yo soy? Y se responde: Yo mismo, 'el sujeto' (...) y puede ser que el yo que dice 'yo soy' no sea verdaderamente el 'sí mismo'. La cuestión que sigue es la del verdadero *quien*".

El yo, que remite al soy esto o aquello, se cree poseedor de cualidades de permanencia e identidad, de esencia y sustancia, se cree sede de su moralidad y del discernimiento del bien y del mal; este *yo-soy* no sabe que el goce se satisface en el síntoma, luego padece de las verdades que desconoce.

Desde un punto de vista psicoanalítico, "sujeto" es el nombre del síntoma, del lapsus, del acto fallido. La sintomatología freudiana manifiesta la imposibilidad de la congruencia, permanencia y complementariedad incondicionadas entre los sexos, las culturas y los discursos. Por eso, el sujeto del psicoanálisis es fruto de una imposibilidad de congruencia y de relación planificada con el Yo, por lo cual, cada vez que se presiona para que se establezca esa adaptación imposible, se consigue un Amo y un esclavo.

El hombre se define como sujeto del habla. Sin embargo que el ser humano tenga la posibilidad del habla, no es equivalente a que *tenga la palabra*, a que tome sobre sí la responsabilidad sobre su decir y su acto. Tomar la palabra y adueñarse del acto es una operación histórica tanto para el sujeto singular como para el sujeto colectivo. No hay apropiación de la palabra sin preguntarse quien habla cuando se habla, o sea, sin cuestionar el "conócete o contrólate a ti mismo", cuestionamiento que implica la ética de vaciarse del *sí mismo* y del *tu eres...* en su faz imaginaria, o sea, eres esto o aquello.

A partir de Descartes *el sujeto* deja de nombrar al ser de cualquier ente (el *hypokeímenon* que es uno de los sentidos de la *ousía*, la sustancia en los griegos) y en cambio, se convierte en el *ego cogito: yo pienso-existo*; el sujeto se constituye en una *res* pensante, una sustancia de pensamiento puro que desconoce que ahí donde piensa no es, o donde piensa es su modo de goce.

Lacan extrae del *cogito* cartesiano, una *sustancia gozante* y, como consecuencia directa de ello, un sujeto de goce y no sólo de pensamientos conscientes e inconscientes. Discierne al sujeto de un saber-hacer-decir en el instante efímero del acto del que goza y lo vuelve a exponer a la incertidumbre de no-ser.

---

21. Heidegger, M.: *El Ser y el tiempo*, Fondo de Cultura Económica, Buenos Aires, 1991, p. 25.

Cada vez que hablamos de síntoma y de sujeto deberíamos aclarar desde qué discurso lo encaramos, ya que confundir las distintas perspectivas constituye una estrategia política de desorientación. Los síntomas pueden ser interpretados desde el orden médico, el orden sociológico, el orden económico-político, el estético, el orden psicoanalítico. En todos estos contextos se puede caer fácilmente en la acumulación de sentidos triviales opuestos a un pensamiento audaz, creativo y valiente. El síntoma posee algo de creativo, valiente y audaz, lo cual no garantiza deparar el bienestar. Por el contrario, no inflarlo desmedidamente con banalidad, es aceptar su testimonio en lugar de tratarlo como "anormalidad". Abordar al síntoma como anormalidad puede corresponder a una aceptación masoquista –individual y colectiva– de las determinaciones sociales.

El gran discurso totalizador que hoy dirige los destinos del mundo, el discurso capitalista, sitúa su poder en la representación (lingüística, política, sanitaria, militar, económica, etc.) y se hace autodenominar: *democracia representativa*; entonces, es en el corazón de las democracias, en sus puntos de vacío representacional donde una intervención de sujeto, recuperaría la condición renaciente de la ley, de la infinitud del Pensar y de la producción contingentemente recurrencial del síntoma-sujeto.

Seguir sosteniendo el discurso de la muerte de la ley, del sujeto y del acto, es cargar con el peso de la impotencia. El síntoma suele mostrar el esfuerzo del sujeto por resguardar la subjetividad que lo determina y a la que, a su vez, inventa en el camino. La carga metafórica del síntoma reside en el intento de simbolizar lo atroz. Cuando ya no hay síntoma-sujeto, es cuando el terror ha cumplido su función y éste no cesa de acaecer.

La posmodernidad, que defendió el abandono del apego a lo bello y la caída de lo sublime, ha tenido que crear el poema del horror ante "lo peor". ¿Cuál será el gesto post-posmoderno?

Agamben[22] sorprende cuando plantea el porvenir de un sujeto *cualsea* –por advenir– significando con este nombre al sujeto que importaría en su singularidad cual sea. Este sujeto no se singularizaría por tener una propiedad identitaria (conjunto, clase, nación) sino por su ser tal en su deseo. Para Agamben este ser tal es el Amable, aquél que es amado por su in-diferencia a los predicados pero a la

---

22. Agamben, G.: *La comunidad que viene*, Pre-textos, 1996, Valencia, p. 9.

vez con todos los predicados. ¿Supone que este amor contrarrestaría el odio al *xenos*? ¿La utopía de una comunidad de sujetos *cualsea* por advenir, será realizable en un lazo social efectivo?

Pareciese que los hombres del mundo, cuyo anhelo moderno era ser libres, hoy buscan desesperadamente una representación nominal, un nuevo Nombre-Sujeto.

El desgarro entre la libertad, la igualdad y la fraternidad ha sido comprobado, el siglo XX supo de ese desgarro. Luego el siglo XXI puede añorar la libertad perdida o inventar su propia utopía a realizarse en parte y a frustrarse en gran parte. El sujeto de esa utopía será cualsea en tanto resta aún innombrable e indecidible, será *cualsea* si se manifiesta en acto.

# Más allá del superyó: violencia y melancolía

El síntoma es siempre una manifestación de un conflicto inconsciente del sujeto; pone en evidencia que la desmentida primordial respecto de la castración ha sido reprimida. Hay conflicto psíquico porque algo ha sido obstaculizado de decirse, dejando al ser hablante en el encierro de su propio padecimiento. El síntoma liga Eros y Tánatos pues es una solución de compromiso sustitutiva de la sexualidad infantil, entonces, mientras hay formación fóbica, obsesiva o histérica, la pulsión es domeñada en los términos del goce del síntoma. Sin embargo hay momentos históricos o subjetivos particulares, en los cuales la desmentida primordial aflora por el levantamiento de las represiones, el desligamiento entre las pulsiones de Vida y Muerte y la disolución de los diques simbólicos que las contienen. Este desanudamiento produce efectos sexuales nefastos de índole violenta entre los semejantes. Es decir, se juega en las vinculaciones la erótica de la violencia y la impiedad.

La violencia actual posee un componente de sadismo inusitado e incontrolable, que revela la disolución de la diferencia entre la muerte y la angustia ante la muerte y la caída de la compasión.

El malestar en la cultura no es unívoco; hay un malestar en la cultura que está dentro de los límites simbólicos, y otro en el cual vemos emerger fuerzas destructoras de la subjetividad pues se encuentra más allá de los límites del superyó pacificante.

Más allá quiere decir exterioridad a un espacio-tiempo; el más allá es a su vez sede de lo extraño y ajeno. Si el superyó, que abarca al Ideal, la autoobservación y la conciencia moral, es la fuente de la culpa inconsciente, quedar desligado del superyó tiene dos consecuencias: quedar sometido a la exaltación narcisista del Ideal, manía, o quedar fuera de la prohibición de la conciencia moral.

El superyó, heredero de la sexualidad polimorfo perversa infantil y del complejo de Edipo, o sea, de las identificaciones a los padres de esa época infantil, regula la subtetividad que se inscribe del lado de la Ley aunque la transgreda o la acate sacrificialmente. Este sujeto es sujeto de la angustia, la inhibición y el síntoma; éstos son los acatamientos del Yo al superyó. Cuando el superyó, garante también de la represión, pues somete con sus exigencias al Yo, decae en su función y no recibe la herencia, aunque más no sea parcialmente, el sujeto tenderá a la descarga pulsional en el campo del semejante. ¿Por qué contra el prójimo? Pues el campo imaginario yo-otro es la sede de la agresividad y el narcisismo.

Para Freud la estructuración del superyó se hace bajo la incidencia de la pulsión de muerte. Una porción del sadismo superyoico es dirigida contra el Yo y otra contra los semejantes bajo la forma de actos impulsivos. Al sadismo superyoico subyacen el masoquismo y la melancolización que hallan satisfacción en las diferentes formas de victimización y violencia.

La degradación del superyó trae aparejada la carencia de angustia moral con lo cual el asesinato a quemarropa o sin motivo, aparecen cada vez a edades más tempranas. Hoy nos sorprende que se contraten niños pandilleros para matar, se los use para desactivar minas o inmolarse como hombres-bombas, y más nos sorprende que el delito sea ejecutado por púberes que ya no responden sólo a la voz de un amo sino que actúan por sí mismos. La voz ha devenido en ferocidad.

La disolución del superyó en su faz simbólica y los efectos concomitantes de reactualización de la desmentida de la castración propia de la sexualidad narcisista, son transmitidos de una generación a otra. Pienso, entonces, que la neosexualidad de nuestro tiempo es la violencia desenfrenada: *erótica de la crueldad*, que goza de la perversidad y/o melancolía.

Por otra parte, el Ideal del Yo alojado en el superyó es también heredero de lo primordial incastrado. Si el Otro materno elidió la castración, su ley resulta delictiva pues hizo desaparecer a la función simbólica paterna. Es vía el superyó, que la desmentida de la castración se transfiere de lo individual a lo social de la misma forma que por su función prohibidora, lo cultural se transfiere a lo particular de cada sujeto.

Las contracaras del Ideal del Yo son el nombre propio, es decir el significante y el "objeto a". Por el Ideal incastrado, el Yo puede identificarse al desecho para seguir sosteniendo el modelo inalcanzable que aquél le demanda. Tal es el caso de un Kafka, cuyo temor al padre alimentó más y más la culpa y el sentimiento de desrealización.

Hay una clínica psicoanalítica del superyó, de las neurosis y perversiones, que descubre la verdad oculta tras la prohibición del incesto por el padre simbólico; esta verdad es la imposibilidad del incesto, pues la Madre en tanto significante, está excluida del mismo. Pero en los lazos sociales es imposible la clínica del superyó pues hacen falta varias generaciones en las cuales funcione la ley del padre simbólico para que alguna alcance transformaciones del sujeto, y la subjetividad de la época salga del aletargamiento, la impotencia y el vacío existencial.

Una generación puede recibir la herencia pero rechazarla en acto. Si como afirma Freud el superyó es transmisor de las palabras parentales, sus dos caras: la apaciguante y la mortificante, lucharán entre sí para ganarle la batalla al sujeto y a la Ley o para dejarlos actuar.

Para Lacan el superyó ordena "gozar", o sea, ordena el asesinato del deseo y a la vez la imposibilidad de goce absoluto. No hay en esto contradicción sino vertientes de la estructura del sujeto.

Los crímenes "inmotivados" que el Derecho describe, están, entonces, motivados desde el ordenamiento de la pulsión de muerte cuyo máximo esplendor lo hallamos cuando en una identificación total con el objeto resto, el sujeto encuentra su límite en el suicidio. Para Freud el suicidio es el intento desviado del homicidio de La Cosa. Para Lacan, el encuentro logrado con el objeto imposible. A este encuentro lo denominamos pasaje al acto en la melancolía-manía.

La melancolía se caracteriza por un estado depresivo con intenso dolor psíquico, pérdida del interés por el mundo y la capacidad de amar y el sentimiento de indignidad del Yo por un exceso de culpabilidad. La manía, en cambio, se caracteriza por el sentimiento de magnificencia del Yo por exaltación narcisista. Estos estados conducen a la búsqueda de sanción pública, castigo, desprecio en la fase melancólica, o temor, adulación y riesgo en la fase maníaca.

En ambos casos el sujeto se ha perdido en la desesperación que acalla el relanzamiento del deseo y pueden conducirlo a actos de destrucción del corpus social.

Las causas de la melancolización comprenden todos los casos de ofensa, postergación, segregación y desengaño que provocan la radicalización de la antítesis entre el amor y el odio, radicalización que despliega un sadismo inusitado que se vuelve contra todo y contra todos, por eso se halla en la base de algunos actos de enfurecimiento masivo. El primer estadio sostiene aún la lucha contra el profesor, el flaco, el gordo, el sabelotodo, el comunista; luego sobreviene un "estar en contra" generalizado que se alimenta de cualquier posesión de atributo convertido en "persecutorio"; el tercer tiempo lo constituye la vuelta contra el sí mismo y la autodestrucción.

Cada época incorpora o segrega de manera diferente a las potencialidades juveniles y las utiliza para fines políticos al servicio de la productividad social o las innumerables formas de la guerra. La segregación de la juventud en nuestro tiempo se manifiesta en el efecto de impotencia que lleva a grandes masas de jóvenes a la deambulación, la droga, el delito vandálico o a la autoagresión del *piercing*.

Cuando la extranjería interior provocada por la melancolización deja de tener un lugar en el seno familiar, los adolescentes se hacen echar del hogar, la escuela, el club, a la par que los padres o sus representantes se han vuelto indiferentes u hostiles. Los que se apartan de sus hogares por extrañeza emocional, sólo encuentran refugio en las sectas, en los institutos de minoridad y las cárceles, o por alguna forma de acto que les reestablece un "goce" aunque éste esté regido por Tánatos.

Mientras las pequeñas transgresiones a las leyes responden al intento de confirmar la validez de la legalidad simbólica paterna, el vandalismo o el riesgo sin medida, remiten a una legalidad atacada mucho antes del acto destructivo o autodestructivo.

"Estar detenido" por la policía o la "internación" implica quedar detenido en la impulsión a la acción violenta; en muchos casos implica no perecer.

Los abandonos del hogar pueden convertirse en deambulaciones de las cuales es difícil, para el sujeto más que para la persona, retornar, pues una vez traspasados los límites simbólicos ya no hay límites, recordaba Lacan.

La segregación de las potencialidades jóvenes no reconoce diferencia de clases. Hoy el vandalismo y la violencia constituyen un modo de estar en el mundo y sobrevivir, un goce que afecta a jóvenes pobres y ricos.

# El concepto de desmentida

En una primera aproximación, desmentir supone desarticular una mentira o una afirmación falsa, o sea, contradecirla. En psicoanálisis la desmentida ha sido elevada a *concepto*, por lo tanto guarda un estatuto diferencial con la negación.

Desmentir alude a la operación psíquica inconsciente que sostiene una creencia irreductible, o un engaño de la percepción y la conciencia; lo sostiene como si no fuese un engaño mientras sabe de éste. La desmentida conserva un saber sobre el engaño y un descreimiento respecto del mismo. Es decir, el sujeto cree en una ilusión y a la vez sabe que la ilusión es una creencia. Es de la índole de una convicción que enceguece a la percepción porque cree ver lo inexistente y lo cree verídico. Desde un cierto punto de vista la desmentida es constituyente del juicio y su inscripción es simbólicamente necesaria; sólo la hegemonía de su operatividad por sobre otras funciones puede llevar al sujeto a estados anímicos y pasajes al acto de índole perversa, paranoica o melancólica.

La negación implicada en la desmentida se enuncia de la siguiente manera: "No se puede creer, y, sin embargo..."; este *sin embargo* permite que se crea que no existe lo que es, y que se crea que existe lo que no hay. El verbo *ser* puede sustituirse por el verbo *haber*, con lo cual la creencia recae sobre el *hay* o el *no hay*, el *ser* y el *no-ser*.

La desmentida constituye un repudio a lo que en psicoanálisis conocemos como "castración", por lo tanto tiene raíces infantiles. Freud destaca en la sexualidad infantil, el tiempo lógico en que el niño se aferra a la creencia que las mujeres de su familia (madre y hermanas) tienen un órgano sexual semejante al del hombre, o se convence a sí mismo que les irá creciendo. Lo que los niños y niñas desestiman es la posibilidad de la diferencia sexual en tanto ésta angustia o genera pánico; algunos sujetos creen ver en su madre un pene, sueñan con un monstruo fálico que los devora o intensifican fantasías de violación y penetración. Si bien esta organización de la vida mental infantil es constituyente de la potencia simbólica, sus efectos, destinados a desaparecer o transformarse no se cancelan completamente. El *quantum* de no cancelación de esta organización constituyente se traspone en cualidad estructural imaginario-simbólica. Si este *quantum* rige autárquicamente el psiquismo, el sujeto deviene en perverso, psicótico o asocial.

La desmentida de la castración y la urgencia psíquica de un mundo sin diferencias, está en el basamento de los fanatismos, los extremismos, los totalitarismos, los fundamentalismos y los reduccionismos.

La castración tiene como referencia a la Ley. Luego desmentir la castración es también desmentir la legalidad en el orden de la palabra. La desmentida propone: *no hay no-falo en la madre, contradice el no-falo materno*, entonces, a pesar que no hay, el sujeto se convierte en autor de un *hay*, de un existente Por esta razón el fenómeno de la creación no prescinde de la desmentida. En cambio, la creencia a ultranza que sostiene la desmentida, insiste en no permitir que la negación termine su operación de separación, de discriminación, de diferenciación y de vaciamiento, por lo cual se constituye en el obstáculo predominante en el acceso del sujeto a la tolerancia a la incertidumbre y al semejante.

Cuando alguien atraviesa un semáforo en rojo aparentemente sin intención, desmiente la percepción de una legalidad que rige el orden del tránsito. No desmiente la luz roja –aunque la vea sin verla–, sino la ley que se dice y acepta tras esa luz. La conciencia no ve el signo de detención, pero inconscientemente el sujeto eliminó la ley, por lo cual su Yo cayó en un engaño y en la transgresión.

Mientras en la infancia la primacía fálica y su atribución indiscriminada a ambos sexos, son constituyentes de la subjetividad, su perdurabilidad inconsciente más allá del tiempo lógico infantil, sitúan al sujeto en relación al remolino de goce sado-masoquista e "individualista".

Dado que ciertos contenidos infantiles escapan a la memoria o a la comunicación, sus consecuencias se actualizan en la vida psíquica del sujeto; la imago de la mujer fálica puede retornar en un sueño o en un chiste. Pero en los casos de predominio de la desmentida, el sujeto despierta del sueño o la pesadilla y pega a su mujer. No sólo está convencido que ella lo atacó, menospreció o indiferenció de algún modo, sino que además la menosprecia al descubrirla castrada, inscripta en la ley sexual de la diferencia de sexos.

La Mujer toda fálica no existe, formuló Lacan. Cuando una mujer desmiente esta posición no-toda fálica, habla como hombre, y cuando un hombre desmiente la posición no-toda o femenina, actúa con violencia.

Para Claude Rabant[23] la desestimación –renegación o desmentida– se enuncia como una negativa de verdad: No, no puede ser verdad. Y

---

23. Rabant, C.: *Inventar lo real*, Nueva Visión, Buenos Aires, 1993, pp. 110-111.

señalamos que esta negativa de verdad recae sobre el espanto de la castración: No, no es verdad, hay *al menos uno* que escapa a este espanto, puesto que ve lo que los otros no ven. "El *desestimador* no es sino engañado a medias por su desmentida. Esto es lo que Freud llama 'escisión'. El desestimador sólo es engañado a medias, pero engendra en sí mismo una desgarradura que va agravándose desde el momento en que este campo del *no hay* no podría anularse sino que, al contrario, como en una buena *Gestalttheorie*, no hace más que acentuarse y adquirir profundidad en función de lo que se desprende de él bajo la forma de la percepción fetichista de "algo que los otros no ven".

La desmentida cumple la función de eliminar la incertidumbre y el azar; nada que se ponga en el camino del intolerante puede ser admitido, de ahí la asociación directa con la crueldad, la victimización y la flagelación.

Rabant, al señalar uno de los caminos que unen castración con espanto, nos permite comprender el odio de los judíos –asediados en la antesala de la muerte en las cámaras de gas– al nuevo que ingresaba en la barraca pues éste confirmaba que no había al menos uno que se exceptuara. En estos casos el odio al prójimo proviene de la confirmación del no-azar, confirmación que devela su inverso: la creencia desmedida en el azar como potencia absoluta.

La relación entre incredulidad y desmentida se aprehende desde el interior del sujeto y de la subjetividad de una época. Por esta razón los testimonios de los sobrevivientes cumplen una función neutralizante del trauma y de la desmentida. Ellos atenúan el trauma, ese dolor infinito, y facilitan que alguna forma de duelo se escriba, comenzando el trabajo de negativización de las desmentidas colectivas que se aferran a: *"esto jamás existió u ocurrió, dado que no se puede creer"*.

Lo increíble es justamente lo ya realizado que no se imaginaba antes, pero lo increído es lo desmentido de poder ser tan cruel y atroz.

## Luchas de géneros

En el contexto de presentar distintos aspectos de la discriminación, vemos que el significante "género" ha venido a representar en el siglo XX, la lucha que libran entre sí los discursos machista y feminista y, sobre todo, nombra las consecuencias de esa lucha a nivel de otros discursos (científico, jurídico, sexológico, entre otros). Lo que llama nuestra atención es que la nominación "lucha de géneros" no soslaya la contienda de la cual se espera no sólo una batalla sino un ganador y un perdedor; primera paradoja de la sexualidad y la erótica en las cuales estamos inmersos.

Esta lucha se inició a partir de las desigualdades socio-económicas entre hombres y mujeres y el rechazo moral a las nuevas identidades y vinculaciones sexuales, pero sobre todo, a partir del concepto de *discriminación negativa* (dado que discriminar connota ambas posibilidades: positiva y negativa) instalado por las feministas.

Para mostrar alguna de las muchas paradojas de estas luchas, me gustaría referirme a la experiencia de la generación de jóvenes durante la Segunda Guerra Mundial. Las mujeres hacía décadas manifestaban en pro del aborto, el voto o el acceso al conocimiento, pero la guerra les había dado la oportunidad de demostrar su coraje, su recuperación del sufrimiento y su capacidad laboral, por ejemplo, en fábricas de armamentos, y habían barrido con muchos prejuicios sexuales. La mujer entraba en una nueva era de su desarrollo social aunque no menos discriminado: en ese camino que se suponía de progreso seguían apareciendo piedras con las cuales tropezar. El mundo masculino que primero había oprimido a la mujer y después la admiró por su liberación, la volvió a descalificar por esto mismo; sectores que menospreciaban a la mujer doblegada –los denominados progresistas que apoyaron las luchas feministas– también denigraban a la que crecía laboral e intelectualmente. Ni la competencia por el acceso a los medios de producción ni la protección de los valores de la familia, justifican o explican el rasgo de universalidad fantasmática respecto de la diferencia sexual que se manifiesta como contienda entre los géneros.

Las máscaras del fantasma machista y del discurso de poder que lo representa, se adaptan a los pactos de convivencia sexuada de cada época pero insisten en dividir el mundo entre los derechos del hombre y de las mujeres, a los fines de reproducir las condiciones de poder de unos sobre otros. A su vez el discurso feminista intenta borrar las diferencias entre masculino y femenino lo cual también sirve a los fines de reproducir las condiciones de sojuzgamiento. Parafraseando a Lacan, basta luchar contra el amo para hacerlo aparecer.

El psicoanálisis nos pone sobre aviso respecto a que el ansia de liberación y la fuerza de lucha no siempre van de la mano con el deseo inconsciente del sujeto en tanto las reivindicaciones pueden estar al servicio de un fantasma masoquista en ambos sexos, por lo cual las condiciones de reproducción de la discriminación exceden a las variables de éxito de las luchas –aunque éstas cumplen una función importante– sino que la diferencia –notoria entre las mujeres de Oriente y Occidente, por ejemplo– revela el carácter local de los conflictos a expensas de la lucha universal de sexos y la índole fantasmática y cultural de las opresiones.

Debemos a las luchas por los derechos de género la tolerancia a las diversidades sexuales del deseo (gays, transexuales). No obstante, el fracaso sintomático de esas luchas muestra el costado de "exceso" que supone el Goce Femenino ante las representaciones del Goce Fálico. La división de goces en Lacan no apunta a una complementariedad sin síntoma, sino a un goce causado por la castración, fálico, y un goce marcado por la infinitud: Otro Goce o Femenino. Solamente un saber sobre el Goce del Otro sería perverso en tanto permitiría "utilizar" al partenaire por el goce de su síntoma. El llamado "abuso sexual" podría corresponder a esta última modalidad.

Luego nos inclinamos por destacar los géneros de goce en lucha en los espacios de poder, que desmienten la "no relación sexual".

# "Lo judío", síntoma de la xenofobia universal

*A diferencia de Kafka, los personajes de Kundera no necesitan amanecer convertidos en insectos porque la historia de Europa Central se encargó de demostrar que un hombre no necesita ser un insecto para ser tratado como un insecto.*
CARLOS FUENTES

*Después de las desgarraduras del siglo XX, en las que se combinaron fuerzas extremistas de todos los colores ideológicos, sabemos que un insecto puede no ser un insecto y un ser humano no es siempre un ser humano.*
MIRTA GOLDSTEIN

# Judío, no judío

> *La verdad cristiana no es sin la verdad judía, como lo judío no es, sin lo no-judío.*
>
> Mirta Goldstein

Según referí anteriormente, Nietzsche habló de la verdad no-cristiana. Esta locución significante circunscribe la concepción cristiana y la separa de lo Otro que aconteció en el acervo del pensamiento y la cultura. En el interior de esta reserva delimitada por el *no*, se halla, entre otras, la verdad judía. Dada la persistencia histórica de la judeofobia, planteo a *lo judío* como el nombre que asumió la representación de la diferencia entre las verdades cristianas y no cristianas y entre musulmanas y no musulmanas.

*Judío, no judío* nombran "extranjerías". Entre una *extranjería* y la otra no hay oposición sino una inclusión recíproca por momentos rechazada o desestimada. Este rechazo provoca la emergencia de la discriminación –en su sentido positivo y negativo– en cualquiera de las identidades de ambos conjuntos.

Diferencio *lo judío* (nombre de las diferencias), del judaísmo (acontecimiento religioso-político antiguo) y de los judíos (seres concretos arraigados a múltiples identidades). El significante *judío* devela la estructura misma de la conformación de los lazos sociales, lazos que albergan la *exterioridad inmanente* del *xenos*, del *guer*.

Considero a *lo judío*, el *síntoma-borde* entre varias culturas. Si es un borde, entonces es el significante que nombra una diferencia discriminante que en determinados momentos de la historia es conducida y degradada hacia la encarnadura del objeto expiatorio. Lo judío-síntoma es el símbolo de un exilio de estructura, de génesis del judaísmo, o sea, el síntoma-judío constituye el velo simbólico de un olvido original. *Judío* es el nombre de un pacto de inclusión-exclusión de lo no-judío lógicamente anterior y posterior. Esta idea tiene consecuencias ético-políticas pues incorpora el pensamiento de que el *no-ser* es; además permite comprender por qué el fanatismo xenófobo se funda en el aniquilamiento de la existencia del no-ser, no-ser que incomoda a las certidumbres y las creencias omnímodas.

El judaísmo proviene de un *exilio* genérico, de una emigración indefinible (de tribus errantes, extranjeras en Egipto y no sólo esclavos del Faraón), luego es impensable lo judío sin lo no-judío (lo *no-judío* del mundo antiguo, medieval y moderno).

Acorde con esa procedencia de extranjería genérica, las referencias míticas e históricas señalan a los judíos como un pueblo que se va conformando en la medida de un paulatino discriminarse del paganismo, el sacrificio humano y la poligamia, discriminación procedente del ansia de justicia, ley y libertad de la humanidad en sí.

Discriminar es equivalente a discernir y a escoger, a escindir o arrojar fuera. Los sentidos pueden virar al *biendecir* que efectúa un sujeto solidario consigo y con los demás, o al *maldecir* que denosta para dominar o aniquilar al semejante.

Al discriminarse la verdad monoteísta del pensamiento circundante, expulsó de sí un resto, y lo nominó "*guer*": *no somos eso*. Esta es una operación fundacional con efectos en la constelación monoteísta judía y no judía, y en la constelación simbólica de la cultura: inscripción del *somos* y *del somos lo que no somos más*.

Para que el acontecimiento judaico haya podido reconocerse en cuanto tal y se inscribiese el significante "judío", hizo falta la función paterna simbólica y nominante de los patriarcas y algunos mitos sobre la creación del símbolo "judío". "En el principio era el Verbo" estatuye que sin el símbolo de una separación originaria, marca de la función paterna, y de una ausencia: lo que "judío" deja por fuera, la cultura hubiese devenido diferente. A su vez lo que ya *no somos más* gracias al nombre "judío", puede reaparecer en la figura del perseguidor cuando el símbolo "judío" cae en tanto tal y el xenófobo exacerba las modalidades, característica y rasgos de los judíos para justificar su intolerancia.

El Antiguo Testamento describe la inserción simbólica del judaísmo según una temporalidad mítica historizante: primero Abram derribó los ídolos y a partir de un primer pacto con Dios fue nombrado Abraham y convertido en Padre; luego Dios anunció la llegada de un hijo y Sara, de noventa años, da a luz lo cual la exceptúa de la castración, es decir de las limitaciones humanas (mortalidad y sexualidad). Esta excepcionalidad a la sexualidad humana y a la ley de las generaciones la convierten en la referencia mítica de La Madre, la madre fálica descripta por Lacan en el Seminario *Le Sinthome* (1975-76) como La Eva, Madre de Madres. Madre de todos los judíos, Sara es equiparable a María: Madre excepcional de todos los cristianos.

¿Qué función cumple la risa de Sara y de Abraham? Por un lado la alegría de recibir el don de un hijo. Por otro, la inauguración de un pacto con la divinidad que la descendencia eterniza y a la vez pone en peligro. Y, en tercer lugar –aspecto más conflictivo–, la marca de algo sustraído, desmentido. Ese algo puede corresponder a lo que hoy denominaríamos una adopción. Isaac (Itzjak), hijo de la risa, resulta hijo de la desmentida de un secreto y queda marcado de por vida como alguien no demasiado avispado. ¿Cuál es el secreto? ¿Una inclusión o apropiación adoptante? La nominación: "¡Tú eres mi hijo, quien me seguirá!" sella una filiación por fuera de la sangre y separa –a partir de allí– lo judío de lo *guer*. Este "tú eres" constituye la faz simbólica de la nominación: ser judío es portar un nombre.

Desde un punto de vista laico, el sacrificio interrumpido de Isaac devela una vacilación en el sujeto-padre: la duda de aceptar o no la paternidad. Maternidad cierta, paternidad incierta. Incerteza de Abraham, verídica.

*El pacto con la divinidad* representa la conversión a una ley de parentesco no incestuosa que retorna en forma invertida –debido a la represión inconsciente–, por ejemplo en el chiste de la madre judía retentiva y asfixiante. Si al hijo se lo retiene, es porque se ha deseado expulsarlo.

Es en este punto donde podemos ubicar el doble origen mestizo del judaísmo: por exclusión de la familiaridad y consanguinidad con los exiliados al mundo considerado pre-monoteísta –aquellos que no aceptaron seguir a los precursores–, y por inclusión –ante la esterilidad o ante el funcionamiento en acto de una legalidad exogámica aún no establecida como prohibición del incesto– de hijos y mujeres de ascendencias más lejanas.

Obviamente lo que hoy denominamos adopción difiere de aquellos actos originantes. Sabemos que la inclusión de vástagos se hacía por la aceptación del hijo de una esclava o gracias al sentido semítico de la hospitalidad: la acogida. En la Biblia aparece la forma invertida de esta inclusión: la exclusión del hogar paterno de Ismael, hijo de Agar. En la etapa primigenia de la constitución de la comunidad judía, hubo aceptación de la descendencia concebida con tribus vecinas y, concomitantemente, un pacto de conversión a la exogamia. Pero la historia ha necesitado de más nombres para que el judaísmo se inscriba en el tiempo. Hizo falta la escritura de las Tablas y un sujeto de esa escritura. Por ello Moisés puede ser elevado a paradigma del Padre Simbólico, padre de la ley de prohibición del incesto, tras haber sido muerto simbólicamente como *hijo extranjero* (Freud[1] sitúa un Moisés egipcio anterior al judío); pero hay más.

........................................................

1. Freud, S.: *Moisés y la religión monoteísta* (1937), Obras Completas, Amorrortu Editores, Buenos Aires, 1980, Tomo XXIII.

El entierro de Moisés fuera de los límites de la promesa, sitúa la frontera entre un sueño o deseo y la imposibilidad de realización completa del mismo, designa al guía y a su castración, al hombre-padre y al pueblo: su filiación. Nomina lo que para el psicoanálisis es *el padre simbólico, el padre transmisor de la legalidad de una comunidad*. Padre Muerto simbólicamente y a la vez *hijo simbólicamente apto para ocupar el lugar de padre*. Al decir de Goethe: "...un niño ha muerto".[2] ¿Para quién? Para su propia inocencia (y la de Isaac). Con la inocencia perdida se pierde ese *no querer darse cuenta* de la sexualidad, el sufrimiento y el desamparo humanos.

La risa de Abraham y de Sara denota la expulsión de una parte de la verdad que inicia una nueva serie de ancestros, y el recubrimiento y encubrimiento de esa verdad a través del don anunciado por la palabra divina y de la Ley.

La Ley estatuye un fuera de la Ley y un fuera del "amo de la ley". Dice Derrida[3] respecto de la posición de Edipo al llegar a Colona: "el anfitrión (*host*), aquel que recibe, también gobierna (...) la *potestás* y la posesión del anfitrión siguen siendo las del *paterfamilias*, del dueño de casa, del *señor del lugar*, como lo llama Klossowski". Este *paterfamilia* demanda el pasaje por la culturalización de la Ley, cuando es atravesado y determinado por la ajenidad del adoptado y del huésped, a los que "afilia", los vuelve filiales.

La discriminación al judío y los prejuicios que se instalan en su contra, parecen remitir al dilema de la paternidad y la filiación.

Algunos autores han analizado los prejuicios antisemitas que acusan a los judíos de "matar niños no-judíos", como reverso de la culpa inconsciente judía por el asesinato de los primogénitos egipcios (plaga divina). Considero a la judeofobia una cuestión compleja por lo cual la inversión del texto antisemita debe complementarse con otras operaciones de lectura e interpretación.

Los mandamientos constituyen versiones de la "prohibición del incesto" o sea, "no gozarás (sexualmente) de tu sangre". El encadenamiento de los mandamientos no matarás, honrarás a tus padres y no desearás la mujer de tu prójimo, sustentarían la siguiente posible interpretación: *no matarás a un niño prematuramente en su inocencia, pero a la vez no dejes que la inocencia se prolongue toda la vida, pues*

---

2. Goethe, J. W.: *Las desventuras del joven Werther*, Sudamericana, Buenos Aires, 1999.
3. Derrida, J.: *La hospitalidad*, Ediciones de la Flor, Buenos Aires, 2000, p. 45.

*implicaría una desmentida de la castración: de la diferencia de sexos, de la diferencia generacional y de todas las diferencias derivadas de éstas.* Lo que ha quedado destituido con la organización judaica en función de la Ley mosaica, es el incesto, el sacrificio humano y la apropiación no legislada de niños y mujeres.

Jean-Pierre Winter[4] dice que la esterilidad de las mujeres de La Biblia fue traducida y deformada al Nuevo Testamento como virginidad. Por un lado está corroborando la aptitud de la interpretación sobre los mecanismos de la censura que fundan lo inconsciente, pero, por otro, destaca que tanto Abraham, Isaac y Jacob no fecundizaron a Sara, Rebeca y Raquel, respectivamente, sino que ellas se embarazaron por la voz de Elohim (Dios), en un pacto directo de la mujer con Dios del cual los hombres fueron testigos pasivos. De ahí deduce la pasividad judía. Lo que no alcanza a mostrar Winter, es que esos hijos son nominados como tales por "un padre" independientemente de su nacimiento biológico; son aceptados e integrados como "hijos de...", a tal punto que de ellos se fundan las tribus de Israel. No hay en ello pasividad alguna, sino *acto*, paternidad.

La fundación del pueblo judío se realizó por inclusión de lo *guer*, lo extraño, y exclusión de una parte de sí que no se avenía a la nueva legalidad. La Ley –posteriormente– determinó que se es judío por vía biológica materna y prohibió lo que hoy conocemos por casamiento mixto, o sea, la mixtura originante e inevitable fue prohibida secundariamente, constituyéndose así un borde entre el adentro y el afuera a lo judío y a lo no-judío. El corazón, el núcleo primordial mixto, fue perdido por la consolidación de la judeidad. Pero de esa misma consolidación surge *lo judío* como un plus que nombra la doble adopción filiatoria mutua entre *lo judío* y lo *guer*.

Así como Moisés fue recogido de las aguas por una princesa (madrinazgo) egipcia para ser salvado de la muerte, es de suponer que los judíos recogían varones a los cuales salvaban de posibles otras muertes (por ejemplo los sacrificios). Con lo cual destacamos la importancia de la mixtura permanente real, simbólica e imaginaria, de lo judío con aquello que queda incorporado en su seno al separarlo y reprimirlo: lo *extranjero*.

...........................................
4. Winter, J-P.: "Sobre Moisés y el monoteísmo. Psicoanálisis del antisemitismo". En *Coloquio de Montpellier: El psicoanálisis ¿es una historia judía?*, Nueva Visión, Buenos Aires, 1990, p. 105.

La función simbolizante del patriarca corresponde a una función de "corte"; este corte deja en un exterior-interior a lo no judío de las distintas procedencias y segrega un resto no incorporado. Las mujeres de los patriarcas, aceptando el pacto con Dios pero también con el hombre convertido a la nueva legalidad de parentesco, legalidad expresada en la frase: "tú eres mi mujer y tú me seguirás", asumieron ser "hijas de Israel, padre simbólico", a partir de lo cual se instituyó quién se nominará "hijo de".

Pero para que la separación de lo *guer* se definiera, hizo falta otro acto primariamente fundacional: la escritura de las Tablas, y secundariamente a ese acto, el olvido del mismo y el retorno del cordero de oro, y entonces, un nuevo acto de re-escritura de la Ley y de la fidelidad a ella y al nombre propio: Israel. Observamos así la estratificación temporal del acto fundacional, los tiempos de afianzamiento de la Alianza.

"Ser corderos de Dios", sus esclavos, equivale también a un retorno de lo sepultado primariamente: el paganismo implicado en el cordero. En el Antiguo Testamento se acepta el sacrificio de animales mientras que el sacrificio de Isaac queda interrumpido. La interrupción impuso un corte separador entre el sacrificio humano y su prohibición, y fundó, a cambio, el sacrificio a los *designios de Dios*. No puede extrañarnos que este Dios represente la donación simbólica y, al mismo tiempo, contenga el rasgo de violencia necesaria para efectivizar la separación entre un tiempo primordial y la escritura de la ley legisladora de las vinculaciones exogámicas.

El advenimiento del cristianismo descompletó al monoteísmo judío antiguo obligándolo a una reconsideración de su función simbólica. Hoy estaríamos transitando un nuevo poli-monoteísmo con consecuencias en la subjetividad religiosa y laica de nuestra época. Este poli-monoteísmo fálico, puebla la nación planetaria y discrimina al judío por los sucedáneos fálicos que se le atribuyen.

Spinoza[5] coloca el estandarte fálico de la discriminación universal al judío en la "circuncisión". Dice que la circuncisión es el signo al que los judíos "permanecen religiosamente apegados". Lo que nos hace cuestión es si en una época en la cual la circuncisión se ha tecnologizado y medicalizado (se la practica preventivamente) y se ha expandido al universo no-judío, podemos seguir sosteniendo que es equiparable al signo universal de la discriminación

..................................................
5. Spinoza, B.: *Traité des autorités théologiques et politiques*, Galimard, París, 1967, p. 665.

o bien, sigue siéndolo porque puede ser sustituida por otro valor fálico. El apego a la marca filiatoria ya no es sólo religioso: la practican los no creyentes o es dejada de practicar por motivaciones ideológico-políticas. Con lo cual el antisemitismo no surge por el apego a la marca religiosa, sino a la marca de la pérdida que implica e impone el pacto con la palabra *(Brith Milá), marca que es letra,* es decir, escritura simbolizante. "La letra con sangre entra" y la sangre, al fluir, escribe la geometría de un adentro y un afuera al cuerpo subjetivado.

Entre judío y no-judío se escribe una pérdida, la cual puede ser saturada con la violencia.

Durante más de 2.000 años se admite una continuidad cultural denominada: tradición judeo-cristiana. Sin embargo los efectos de lo no-admitido se siguen sintiendo a pesar que se pueden rastrear las huellas judías en la simbología cristiana; quizás esta imposibilidad de borramiento total de las marcas lleve al cristianismo a no cesar de discriminarse de y discriminar a lo judío. A su vez los judíos, a pesar de tantas persecuciones y tantos requerimientos violentos de homologación a lo no-judío, no han abrazado masivamente otras religiones aunque reconocen partes de sí o tribus perdidas; ¿dónde si no es en el universo *guer* se pueden haber perdido?

Considero que el deseo judío de legar marcas significantes por fuera de su universo, constituye la causa del antisemitismo. ¿En qué prejuicio judeofóbico leemos este deseo? Cuando se acusa a los judíos de expansionistas y se los califica como "sinarquía internacional". En esta lectura cabe una doble intención interpretativa: el deseo judío de engendrar significantes, y el deseo no-judío de apoderarse de este deseo judío. Para Lacan el deseo es deseo del Otro.

El Iluminismo ateo judío se unió al movimiento ateísta del siglo XIX, el cual deparó grandes contribuciones culturales pero no influyó demasiado en el problema de la fe y la identidad, la agresividad segregatoria y el odio.

Tanto odio desplegado a lo largo de las generaciones evidencia el tronco común de amor al Padre que une al monoteísmo y en el cual hay que incluir a la fe musulmana. Ninguna rama del monoteísmo queda por fuera de estos conflictos, los cuales se reactivan como odio al prójimo debido a que en la constitución de las sociedades, los hijos, para "tener" un padre en exclusividad y de manera trascendental, crean ligas fraternas y segregan a otras ligas fraternas. La unión trascendental con el padre mítico es una identificación absoluta, una incorporación totalizante de sus insignias. De esta identificación primordial, el sujeto no fanático se va despojando por partes; conserva algunas insignias pero se desprende de otras.

El fanatismo es uno de los desenlaces posibles para la conformación fantasmática de un sujeto. Cuando esta posición se eleva a la condición paranoide, genera a su alrededor persecución.

El judaísmo no es una cuestión numérica o estadística: tantos judíos en Israel, tantos otros en la diáspora, tantos matrimonios mixtos, tantos marranos; el judaísmo es "el retorno al judaísmo" y eso es inconmensurable y azaroso; es un retorno que para manifestarse necesita de varias generaciones que incluyan, paradójicamente, marcas de asimilación a lo no-judío.

La asimilación, fenómeno temido por el judaísmo, constituye el olvido o alejamiento requerido para que algo retorne. Lo atestiguan los hijos de casamientos mixtos o conversos que tras varias generaciones de bautizados, se encuentran sumidos en la búsqueda insaciable de recuperar lo perdido. De la misma manera, ¿el miedo de los judíos a la asimilación, no constituye otro modo de retorno de ese origen *guer* perdido? ¿Acaso no es porque el judío es *eso guer,* que el pueblo teme desaparecer?

No se pueden desmentir los significantes de la ascendencia sin consecuencias en la subjetividad, aunque el sujeto ya no esté representado totalmente por esos significantes y haya descubierto salidas singulares a su goce. La ascendencia judía es extranjeridad, de la misma manera que la ascendencia monoteísta es judía. A cada sujeto le es ofrecida una herencia cultural, pero la libertad para usarla trae como condición apropiarse de la misma, transformarla y transmitirla, de lo contrario, deja de estar al alcance del hombre como oportunidad. Sólo el hombre puede hacer de la oportunidad una "ocasión".

Las posturas segregatorias son totalitarias pues desechan que el origen fundacional proviene de un movimiento de exclusión-inclusión; debido a este rechazo conservan anhelos de pureza. Sus discursos se invisten de numerosos ropajes, muchas veces contradictorios entre sí, para conseguir su fin. Se gestan los más increíbles relatos para justificar la xenofobia y la discriminación y en todos ellos se perfila una visión extrema de las convicciones. Aún hombres ilustrados sucumben a la judeofobia y al racismo lo cual evidencia la automutilación del pensamiento más allá del derecho a defender distintas posturas políticas e ideológicas.

En ocasiones los intelectuales operan como líderes ideológicos que exacerban los alegatos persecutorios. Se niegan a enfrentar sus propios lados oscuros y se sienten designados a despertar las conciencias de los que consideran no esclarecidos y convertirse en héroes de una lucha cuyo blanco es algún "otro". Ya lo exponía claramente Foucault al sostener que el trabajo de un intelectual estriba en cuestionar y sacudir los hábitos, las formas de actuar y de pensar y en disipar las familiaridades admitidas en lugar de intentar modelar la voluntad pública a través del prejuicio.

Hoy se hacen oír las amenazas de nuevos genocidios y masacres. Lo judío sigue estando presente como *objeto a expiar*, pero también como la nominación de cualquier persecución xenófoba y/o racista cuya amenaza pende sobre innumerables seres humanos.

Así como Hitler hizo la pregunta "¿quién es judío?", en el interior de esa pregunta se enlaza una segunda: ¿cuándo un judío deja de serlo y para quién? Lo relevante de esta cuestión no es la respuesta sino quién se hace la pregunta y para qué la formula. No es lo mismo que la pregunta la haga un judío o un antisemita, no es lo mismo que la respuesta esté al servicio de la integración en la pluralidad o de la destructividad.

Si pensamos que el judaísmo resistirá a la intolerancia, entonces por muchas generaciones más, los judíos compartirán un exilio prolongado en un mundo no judío con el cual existen lazos muy arraigados, una estancia diaspórica no menos prolongada paralela a la existencia del Estado de Israel, nuevas conmociones antisemitas en sitios en los cuales se promueva intencionalmente la judeofobia y una extranjería sintomática a las diferencias desmentidas.

Dado que cualquier rasgo o atributo puede convertirse en fuente de injusticia, intolerancia y segregación, también las minorías discriminadas diseñan a sus propias minorías discriminadas Por ejemplo, un negro culto puede discriminar a un negro no instruido, un homosexual a un discapacitado, un judío creyente ortodoxo a un judío tradicionalista. Advertir que aún las minorías discriminadas segregan a minorías en su propio seno, es llegar al meollo de la cuestión segregante: *el autoengaño* por creer que habría alguien que no discrimina, o de creerse no creer en algo ideal y discriminatorio. Los que piensan que pueden destituir todo ideal, tienen a esa meta por Ideal. ¿Es éste un atolladero?

El psicoanálisis propone dilucidar en qué nudo cada sujeto se enreda los pies y desarticular los móviles de la intolerancia y el amparo en lo Uno de un lazo social fundamental en lo que denomino la "oposición uniformidad-originalidad". Este lazo crea ritos particulares y comunitarios que anudan el exceso acumulado de extranjería a lo simbólico. Dado que esta estructura es universal, creyentes y ateos se identifican con ella y se aferran a sus mitos de origen.

La estructura misma de lo simbólico del lenguaje regula las diferencias, lo sin-diferencias y las indiferencias y, a la vez, sostiene el anudamiento entre un factor cuantitativo de goce, una posición fantasmática y una cualidad simbólico-discursiva; sin embargo en momentos convulsionados el enlace se deshace y se desata el goce siniestro del aniquilamiento del cuerpo irrepetible del *xenos*.

## "Lo judío" como síntoma

> ¿Qué te queda entonces de judío si has resignado todas esas relaciones de comunidad con tus compatriotas? (…) Todavía mucho, probablemente lo principal, pero en el presente no podría advertir eso esencial con palabras claras. Es seguro que alguna vez lo conseguirá una intelección intelectual.
>
> Sigmund Freud

> El síntoma se teje de contradicciones, pero fundamentalmente, su función se opone al olvido de la insustancialidad del resto.
>
> Mirta Goldstein

El fenómeno de la xenofobia, elude cualquier intento de limitación vía la razón, más bien se impone a la razón, con lo cual, aunque más no sea para abordarlo parcialmente, indago en *lo judío* en tanto continúa representando al objeto fobígeno. Referirse a la judeofobia implica bordear todas las xenofobias.

El acontecimiento denominado *judaísmo* es irreversible como lo son las múltiples consecuencias que éste aloja. A la fecha aproximada de su constitución, se le debe restar el tiempo en que lo *judío* devino en discurso. La escritura de La Biblia, en la cual se superponen distintas temporalidades de elaboración subjetiva del judaísmo, instituye la separación definitiva entre la Ley Judía, y la expulsión fundadora de lo que queda fuera de *su* Ley: el texto no-judío.

La consolidación del texto sagrado requiere de censuras históricas, es por ello que el valor del relato es en primer lugar de metáfora y de símbolo, de Metáfora del Padre, la metáfora sobre la ascendencia filiatoria.

Los restantes libros sagrados recopilados en el Talmud, continúan con la fidelidad al acontecimiento sin cerrar la producción de discursividad judía. Por lo tanto el acontecimiento judaico no es equivalente al discurso judío ni tampoco es equivalente a los judíos como conjunto societario ni como individuos, ni al texto consagrado.

Considerar a *lo judío* un síntoma del malestar en la cultura permite marcar la diferencia con el discurso filosófico-psicoanalítico que ubica a los judíos como excrecencia ("objeto a") de los lazos sociales (sobre este punto, de consecuencias éticas, volveremos más adelante).

La intención, entonces, que anima este escrito, es distinguir entre:

1• Lo judío es un discurso-síntoma.
2• El judaísmo es un acontecimiento.
3• Los judíos no son la excrecencia de la cultura.

Frecuentemente los judíos creen que la judeofobia y la persecución son destinos inevitables. Muchos no judíos esgrimen este mismo argumento para seguir persiguiendo a los que encarnan aquello que, en definitiva, aunque se aniquile a todos los judíos, subsistirá imborrable en la historia de la humanidad: *lo judío se ha inscripto como un discurso universal en el interior de la cultura universal*.

Matar a todos los judíos no es imposible –Hitler casi lo logra–, pero censurar todos los significantes judíos dispersos en todas las lenguas, sería imposible. Por lo tanto, uno de los aspectos del judaísmo es su carácter a la vez singular y universal de *acontecimiento*, por un lado, y de *discurso* consistente e incompleto, por otro.

Pensar a lo judío como síntoma de lo que falla en los lazos sociales, equivale a sostener que la incompletud atañe a la discursividad; esta tesis vuelve inconsistente a los planteos que defienden las posturas "anti".

La complementariedad entre dos discursos genera lo uno y lo *anti*, por ejemplo lo judío y lo antijudío. Esta complementariedad es contraria a la incompletud, pues sostiene que hay uno que completa lo que el otro desconoce, con lo cual sería suficiente con leer en lo judío lo que le falta al discurso *anti* y viceversa, para alcanzar una posición totalizante y arbitraria.

Winter[6] dice que es "en el discurso antisemita donde hay que buscar lo que atañe al deseo desconocido del judío... reprimido" pues "lo no dicho en el discurso judío reaparece en el discurso antijudío, y por eso mismo es anti".

Si bien concuerdo plenamente con la idea de que judaísmo y antijudaísmo son discursividades, prefiero deshacer la complementariedad que garantiza la validez del discurso antjudío, sede de la xenofobia. Tomo en consideración que la fórmula de Winter deriva de la tesis lacaniana de que "cada sujeto recibe su mensaje en forma invertida desde el Otro", sin embargo aplicarlo a una interacción sin falla

---

6. Winter, J-P.: "Sobre Moisés y el monoteísmo. Psicoanálisis del antisemitismo". *Coloquio de Montpellier: El psicoanálisis ¿es una historia judía?*, Nueva Visión, 1990, pp. 112 y 111.

puede conducir a desastres. La idea de que el discurso judío muestra esa falla y hasta la denuncia, me parece menos riesgosa en relación a la producción de judeofobia.

Winter alude al deseo judío reprimido. Con lo cual nos preguntamos: ¿Dónde se alojó lo reprimido si no es en el síntoma? Acá llegamos a una nueva encrucijada. ¿Es el antisemitismo el síntoma o lo es la discursividad judía?

Si algo queda claro es que los discursos "anti" se consolidan en base a una Ley del Talión que reproducen.

Al desplazar la cuestión xenofóbica desde los judíos (simples mortales como todos los hombres) hacia cuestiones de discurso, anticipamos un avance apreciable.

Si tomásemos como válido que el discurso antisemita invierte lo negado por represión en el discurso judío, cabría hacer otra inversión y analizar el deseo de lo no-judío explicitado en el discurso judío; esta reinversión se volvería necesaria para no caer en nuevas arbitrariedades persecutorias de las cuales el mundo no-judío se hace cómplice.

Hablar de discurso judío y de discurso antisemita, equivale a desencarnar a los judíos de la inmutabilidad de la condición de mártires y a los no-judíos de la condición de verdugos "necesarios" para la subsistencia del discurso discriminativo.

El síntoma, guardián del deseo oculto por represión, verifica la incompletud del discurso judío. La falta que anida en él, es la inaccesibilidad al deseo inconsciente y es esa falta-falla la que busca una interpretación o un tramo novedoso de discursividad judía. Justamente de lo que el judaísmo da cuenta, es de la invención constante de versiones, interpretaciones y desciframientos que le dan sustento a las innumerables existencias judías. Es del texto judío de donde puede surgir la interpretación del deseo judío, o sea, lo sintomático del texto que revela lo reprimido y no del texto "anti".

Por lo tanto, los efectos del judaísmo y del antijudaísmo, son efectos de discurso y de ninguna manera hechos casuales, como los prejuicios antisemitas desearían poder registrar. Pero esos efectos de discurso son, fundamentalmente, síntomas. Sólo cuando el judío encarna "lo rechazable" es cuando en lugar de síntoma prevalece el "pasaje al acto", es decir, aparece un acto mutilante o automutilante.

Durante largo tiempo se concibió al judío "chivo emisario"; ¿de qué? Son muchas las versiones y en todas hay resabios antisemitas. Sin embargo ¿es lo mismo chivo emisario que síntoma? Decididamente no. Mientras el chivo emisario carga con el peso de la víctima irreflexiva, el síntoma demanda una interpretación; demanda descifrar el deseo judío sorteando las censuras (lo no dicho) del texto bíblico y del discurso judío posterior hasta hoy.

La xenofobia en general –y también la judeofobia– realiza, aparentemente, una única jugada de dos caras: discriminar lo amado para aceptarlo y discriminar lo odiado para rechazarlo; sin embargo además, incluye a esas partes así divididas en un mismo territorio de *enamoramiento* del odio-amor cuyo producto final es una acción de ataque-defensa-ataque. El xenófobo queda fascinado por el objeto que persigue y sólo sale de esa fascinación matándolo o matándose. Žižek comenta que los actos homofóbicos por los cuales se violan homosexuales, repiten lo que se rechaza en el mismo acto de agredirlo. Algo similar se manifiesta en las violaciones de los carceleros a los convictos. Este mecanismo es inherente a todas las formas de racismo y entraña la desmentida renegatoria y banalizante de los actos y de sus móviles.

¿De qué manera se banaliza el mal (expresión de Hanna Arendt)? Primero se lo refleja como algo obvio, fútil, natural, común, habitual e intrascendente, y luego se lo vuelve a banalizar tratando a los canallas como meros burócratas, es decir *idiotas*. Pero también desconociendo –tal como el ejemplo de Žižek pone de manifiesto– que lo rechazado de sí se encarna en alguien identificado con eso abyecto expulsado y no reconocido como propio. Por lo tanto enfrentamos el dilema de averiguar qué rechazan de sí los xenófobos y los antijudíos, y qué rechazan de sí los judíos.

Continuemos analizando críticamente la perspectiva de Winter que afirma que el deseo judío "inconsciente" y reprimido vuelve como mensaje invertido de los antisemitas. ¿Es inferible de este argumento que los judíos desean ser víctimas o gozan con serlo? ¿Son los antisemitas sólo instrumento de ello para lo cual hay quienes se prestan a encarnar lo no-judío "perseguidor" que desea una víctima para gozar del deseo de dolor de los judíos? Es obvio que estas preguntas traspuestas a argumentos podrían estar en la base de ideologías antisemitas y xenofóbicas en las cuales el judío quedaría prisionero del lugar de víctima y el no-judío en el de perseguidor.

La idea de que la verdad del deseo judío es ser aniquilado y que la verdad del deseo no-judío es aniquilar judíos linda con la paranoia,

---

7. Žižek, S.: *Debates contemporáneos, psicoanálisis y filosofía*, Editorial EOL, Buenos Aires, p. 33.

pues una y otra aseveran la acomodación perfecta y sin resto, entre un fantasma suicida y otro homicida. Paranoia es el nombre que acopla un fantasma masoquista a un objeto persecutorio. Por lo cual adhiero a una lectura diferente.

Las proposiciones de inicio: *lo judío* es síntoma-sujeto, síntoma-discurso y acontecimiento, sirven justamente para demostrar, que la liquidación que nos propone la xenofobia no es un destino y por lo tanto tampoco un deseo de padecimiento sustentado en la fantasía de ser el "pueblo elegido". Esta fantasía se traspone fácilmente en segregación porque mientras "es elegido" el judío no puede elegir ni decidir, sólo repetir las consecuencias de una demanda tan desmesurada y por ende, imposible de satisfacer en nadie y ante nada.

La repetición tiene como fuente una culpa originante y una culpa que refuerza a la primera recursivamente (lo producido produce al productor).

La fuente de la culpa inconsciente deriva de la estructura simbólica misma. Surge de un pecado que es originante del sujeto en cuanto tal, y no remite a culpabilizar a alguien, no remite a la identificación de un culpable.

El pecado originante consiste en recibir legítimamente la herencia simbólica de la cultura, de la cual los padres son sus transportistas, sus vehículos o vías de acceso. La deuda simbólica a la paternidad, se paga con la transmisión (para algunos tener un hijo, para otros escribir un libro, plantar un árbol o continuar la tradición familiar). Cuando falla la tramitación de la deuda simbólica, calza perfectamente en esa falla el quedar expuesto como víctima, por el reclamo inconsciente de castigo. En estos casos aparecen las segregaciones impuestas o autoimpuestas o se conforma un *trastorno social*[8].

Cuando el fantasma de "ser elegido" persiste, objetiva la subjetividad y se refuerza la culpa inconsciente por ese lugar inamovible de pasividad ante un destino tenido como inexorable; la culpa ya no se tramita en el síntoma sino como destino trágico (pasaje al acto).

El pecado no conoce origen, sino que se origina en la misma Ley que lo prescribe. No hay culpable, en el sentido de haber cometido

---

8. ¿Qué es un trastorno social? La presentación de un padecer generalizado o la conmoción por actos de desmesura, agitación o violencia cuyas consecuencias se hacen sentir en la subjetividad hasta mucho tiempo después de los hechos realmente acaecidos.

un delito, pues la culpabilidad inconsciente es inherente a la transmisión que no sólo distingue entre padre e hijo, sino entre lo que caduca y lo que renueva el pacto con la palabra.

*"Éramos esclavos"* -dice la *Hagadá*, libro de las Pascuas- pero esclavos de la palabra como todos los otros seres parlantes, esclavos de las determinaciones de la palabra y la letra. El pueblo no es el elegido, sino que cada judío vuelve a decidir ser parte del pueblo cuando elige serlo.

*¿La palabra divina, no es la ficción más coherente inventada, de la ley de palabra?*

¿No hay en el origen mítico del *pueblo de la palabra* –como se conoce a los judíos–, el retorno de lo expulsado que no es otra cosa que lo *"fuera de la palabra"*? Reconocer esta ley de la palabra como ley simbólica, es aprehender la dimensión animalizante de lo que resta fuera de ella. El odio puede llegar a enmudecer cualquier palabra y acallar al síntoma.

El impulso al exterminio no sólo representa al odio, sino que encubre el deseo de exterminar el odio en sí mismo, es decir, el deseo de eliminar *el odio por odiar*, eliminando a quien se odia y se ama; eliminado al objeto de odio se supone que se elimina al mismo odio y se incorpora la vertiente de *amor*, vertiente por la cual el sujeto apacigua los demonios que lo atormentan.

Lo que no saben los asesinos, porque deliran, es que el aniquilamiento del odiado los sumerge aún más en el odio-pasión pues aman lo que odian y odian lo que aman, sin poder salir del círculo pasional.

Desde su comienzo mítico en el Verbo y la Ley, el deseo judío ha sobrevivido a pesar de las fluctuaciones en la fe de los judíos. Por ello el deseo judío no es equivalente al "deseo de los judíos" y mucho menos al de cada judío.

Por supuesto que los historiadores de las religiones y hasta Freud[9] mismo, han encontrado antecedentes de la religión mosaica en Egipto y Asia. Aún así, sólo la decisión del valor universal del pensamiento sobre la unicidad de Dios gesta el discurso que hace del monoteísmo un acontecimiento universal. ¿Pero por qué son perseguidos los judíos si el monoteísmo para consolidarse requirió de un sujeto-pensamiento que lo alojó en la historia?

---

9. Freud, S.: *Moisés y la religión monoteísta* (1937), Obras Completas, Amorrortu Editores, Buenos Aires, 1980, Tomo XXIII.

El filósofo Badiou[10], quien desarrolló una de las tantas perspectivas hoy disponibles respecto de la noción de acontecimiento, dice que lo universal no es en absoluto el efecto de una constitución trascendental, divina, sino que universal es lo que convoca a un sujeto-pensamiento. Un sujeto-pensamiento, no es un individuo, aunque consignemos los comienzos con nombres propios, por ejemplo de los patriarcas, sino que es el transmisor del universal, el transmisor de una verdad que se torna universalizable.

Voy a sostener que lo judío es síntoma-acontecimiento de la estructuración universal de la cultura, es síntoma de la diferencia que lo instituye y que instituye, por lo cual los judíos en algunas épocas encarnan al objeto de exterminio pues este objeto es *lo diferente como diferencia pura*, pero no son el resto de la culturalización, como algunos autores sostienen.

Antes de continuar dilucidando que los judíos no son la excrecencia como no lo es ningún grupo segregado, conviene especificar algunas cuestiones más en torno al "síntoma".

El síntoma es una aparición de quiebre, de crisis, que no equivale a la síntesis de sus contradicciones, sino que deja abierto un agujero separador, agujero que se convierte en atractor (generador) de nuevas realidades judías y no judías.

Lo judío, siendo síntoma, no propone el exterminio de lo no-judío, no es un discurso "anti"; por el contrario al descubrir las discrepancias les da posibilidad de co-existencia. Cuando el síntoma deja de ocupar ese lugar, la amenaza xenofóbica resurge, y los judíos quedan en posición de encarnar la excrecencia.

Su otra característica es que se constituye en metáfora del amor al padre, es decir del acto simbólico parricida en el cual se ama lo que se ha incorporado del ancestro en el duelo por la asunción de su legado, incorporación que no es mera repetición, sino su adecuada y singular metamorfosis.

Cuando el duelo falla, el ancestro retorna como espectro, como lo abyecto. Por esta razón, el verdugo no puede desembarazarse del espectro de su víctima.

Reconocer en *lo judío* algo sintomático que excede al conjunto de los judíos y al conjunto de los no-judíos, implica subjetivar una disidencia, un punto de no inflexión con la idea que los judíos ocupan el

---

10. Badiou, A.: "Ocho tesis sobre lo universal". Revista *Acontecimiento*, Número Especial 29-30 del 2005, Buenos Aires, p. 126.

lugar de resto, idea que puede conducir a graves distorsiones, por ejemplo ya ha conducido a la Shoá.

Dado que Žižek[11] afirma que los judíos ocupan el lugar de *objeto a* en su dimensión de resto, y dado que Žižek sostiene una posición antinazi, cabe reflexionar sobre lo que dice, pues no se lo podría acusar de difundir la ideología antisemita. Žižek no es el único en sostener esta posición, por lo tanto, para defender una tesis distinta, es necesario dar razones.

En principio, quedan presentadas dos posturas disímiles y contradictorias entre sí: *lo judío* en la cultura tiene un lugar simbólico-sintomático, o los judíos encarnan el "objeto a". Otra alternativa para formular el mismo problema se enuncia de la siguiente manera: o el antisemitismo es un síntoma –sobre el cual cabría preguntarse ¿de qué deseo?–, o *lo judío* –resultante de una operación universal–, ha devenido en síntoma que legitima al acontecimiento "judaísmo" que estructuró a la cultura. Analicemos estas ideas.

Si el antisemitismo –que encarna gran parte de la población no judía del mundo– se constituye en un síntoma de los lazos sociales, entonces habrá quienes intenten curar al mundo de él desde una perspectiva moralista y una ética médica, de la sanidad. Ante esta alternativa, de que el antisemitismo sea el síntoma de la cultura, idea que desapruebo, no parece conveniente la estrategia de querer curar al mundo de un síntoma acusándolo del mismo. Luego ¿qué deseo oculta y al mismo tiempo satisface el mundo antisemita al basar su existencia en la eliminación de una minoría? ¿Realmente el alimento de ese antisemitismo es la concreción de un universo unificado y completo sin judíos y sin testimonio de lo judío? ¿De qué modo se realimentaría la pasión destructiva del odio-amor si lo judío fuese realmente eliminado? ¿A dónde iría a parar el *amor al prójimo*? ¿No encontraría rápidamente un sustituto a quien aniquilar?

En cambio, si *lo judío* es considerado síntoma, no hay porque curarse de eso, sino darle la oportunidad que revele y despliegue la verdad que concierne al deseo judío. El *deseo judío*, sin ningún predicado, sobrevive y esa no predicación es la garantía de su continuidad.

...........................................
11. Žižek, S.: *La suspensión política de la ética*, Fondo de Cultura Económica, Buenos Aires, 2005, pp. 25-41.

La idea de Žižek: "los judíos ocupan el lugar de "objeto a" de la sociedad", puede desplegar una controversia fecunda pues no son débiles sus consecuencias éticas.

En pos de desarmar una dialéctica, podemos comenzar esgrimiendo, provisoriamente, que al situarnos en el interior de la creencia judía, lo judío aparece del lado de la Ley. Si en cambio nos situamos del lado de la legalidad no judía, lo judío cae del lado del pecado. ¿Cuál es la reconciliación posible entre ambas posturas? ¿Hay imposibilidad de síntesis?

La primera respuesta es que lo judío como síntoma no constituye síntesis de una crisis, por el contrario, su faz de acontecimiento lo supone un exceso en el mundo antiguo. La segunda respuesta es que los judíos como objeto de segregación tampoco suturan o satisfacen acabadamente el deseo aniquilador de lo no judío, pues aun aniquilando a todos los judíos este deseo subsistiría y encontraría otra minoría que haga consistir –a través del odio– al conjunto infinito de lo no-judío.

Lo judío como síntoma, ha dado frutos importantísimos a la cultura, justamente por su estado de borde-obstáculo. Pero la historia ha mostrado, que cuando más fructífero es el aporte de los judíos, más se acrecienta el anhelo de su expulsión como resto inasimilable; esto ha ocurrido en Alemania. Son momentos paradigmáticos en los cuales la cultura pareciera reactualizar un fantasma persecutorio de devoración o incorporación ambivalente. En lugar del deseo de querer engullirse –y así retener por identificación– la productividad judía, sale a luz el fantasma de que lo judío devoraría a la cultura como su objeto de deleite oral, es decir, el prejuicio antisemita.

¿Cuál es la pregnancia de lo oral? Basta con comprender el significafo cristiano de la hostia o remitirse al significado de las fiestas totémicas: la incorporación del Padre.

Ciertos prejuicios antisemitas acusan al judío de "voraz"; una de las versiones de este prejuicio es acusarlos de querer administrar el mundo o de matar y después devorar el cuerpo de los cristianos. La dupla fantasmática devorador-devorado, no sólo tiene múltiples efectos imaginarios y sugestivos de masa, sino que afecta a uno y otro lado: lo judío y lo no-judío.

Cuando la saturación del síntoma cierra el intervalo diferencial entre uno y otro discurso, el cuerpo de los judíos es ofrendado en sacrificio. La clausura del intervalo provoca que cese la identificación humanizante entre los hombres del mundo.

Otra de las características del "objeto a", es que no accede jamás a una representación adecuada; tiene función de vaciamiento por la cual al mismo tiempo totaliza, unifica al conjunto que lo expulsa y le resta coherencia, lo destotaliza.

Si los judíos no asumen la representación inadecuada de ese objeto expulsado, entonces el cristianismo y el universo no-judío muestran sus fracturas, incoherencias y crisis, y, sin duda, su capacidad para salir de ellas de manera pacífica.

Lo que no ha sido contemplado hasta ahora, es que en la expulsión y en la liquidación de los judíos, lo que se pone en evidencia es la representación fluctuante del "objeto a", porque si fuese absoluta ya no habría judíos vivos.

Este objeto marcado con la letra "a", nomina un inconmensurable, un irrepresentable.

Cuando los judíos lo representan distorsionadamente, inadecuadamente, cargan sobre sí el desequilibrio producido por el desasimiento del vacío que totaliza y destotaliza a dos universales: lo judío y lo Otro, o lo Otro y lo judío. Este Otro ya no corresponde a los seres antisemitas ni al discurso antisemita; aparece una dimensión infinita de este Otro por lo tanto imposible de encarnarse en individuos.

Para desplegar aún más profundamente los argumentos y desacoplar al discurso judío de su anti-discurso, cito a Jean Szpirko[12], en el Congreso de Montpellier. Dijo en esa ocasión: "Lacan define al significante como aquello que representa a un sujeto para otro significante... esto significa que un significante no representa a un sujeto para alguien, sino para otro significante pues el significante... prescinde de todo significado... ¿qué es un judío sino lo que representa a un sujeto para otro judío? Sin embargo, en la formulación inicial, el término significante aparece dos veces, y no implica que el significante que sustituirá al significante tenga que ser idéntico. Así pues podemos proponer esta fórmula: un cristiano representa a un sujeto para un judío; sin que se pueda afirmar que la recíproca sea verdadera: el judío es más bien un *resto*, pues en el mundo cristiano el judío es pura diferencia, una diferencia manifiesta pero que a la vez, como tal, es denegada."

¿Por qué Szpirko habla como cristiano (independientemente de su fidelidad a alguna religión o no)? Mi pregunta avanza en el siguiente

---

12. Szpirko, J.: "El significante judío". *Coloquio de Montepllier: El psicoanálisis ¿es una historia judía?*, Nueva Visión, Buenos Aires, 1990, pp. 84-91.

sentido: ¿por qué un judío no pude representar un sujeto para un cristiano? Una respuesta que niegue esta posibilidad ¿no es ya un planteo antisemita aunque provenga de un psicoanalista "progresista"?

En primer término acuerdo con que "judío" es un significante sin significado, es significante "amo" (primero) pues comanda el discurso desde la determinación de la palabra judía (significante segundo que instaura al primero). Podríamos decir que los judíos, portadores de la palabra, son histéricos: desean palabras, con lo cual "judíos" y "Judío" no aluden a lo mismo. "Judío" es uno de los Nombres del Otro para los judíos y para los no-judíos.

Tanto para Žižek como para Szpirko, los judíos son resto, pura diferencia que cae de entre dos discursos. Acordamos en parte, pues si bien es cierto que el significante "judío" es la diferencia absoluta con lo "no-judío", el nudo no se forma con los judíos y los cristianos en sí mismos, sino con los significantes de esa diferencia: judío, cristiano, musulmán. El "objeto a" monta la diferencia entre dos significantes: judío, no-judío en tanto nombra un vacío en la existencia que impide que todos los hombres se igualen en su deseo.

Lo que nos resulta sospechoso es que ambos autores se desentiendan de las varias caras que tiene el "objeto a", en Lacan.

Al destacar la función de resto excrecible, clausuran al "objeto a" como causa de deseo y como "plus de goce"; en cambio, ubicar a *lo judío* en el lugar de *causa del deseo* cristiano desbarata la operación antisemita. Reducir a los judíos al lugar de objeto resto, equivaldría a no simbolizar la deuda por el deseo y a la segregación.

Lacan mantiene durante toda su obra, una postura indeclinable: "sujeto es aquello que un significante representa para otro significante"; otra definición psicoanalítica de sujeto es "síntoma", sujeto es síntoma, con lo cual podemos reemplazar uno de los dos términos "significante" (en la definición lacaniana) por "síntoma", a saber: *sujeto es lo que un significante representa para un síntoma judío, o lo que un síntoma representa para el significante "judío"*.

Cabe aún otra posibilidad: *judío es lo que el significante "judío" representa para un síntoma*.

Cada una de estas enunciaciones conduce a distintos destinos.

El destino no-antisemita sería que los no-judíos acepten que: a *un judío se le permita representar a un sujeto para un no-judío; es decir que se lo absuelva de representar una excrecencia*.

Los judíos pueden quedar identificados al objeto resto, pero no son el "objeto a". Sostener que lo son puede conducir a un pensamiento político totalitario o sanguinario que haga uso del aniquilamiento como ya lo hizo Hiltler con legitimidad.

Analicemos otra vertiente de la xenofobia al judío.
Por un lado los judíos diaspóricos estaban impedidos de dedicarse a actividades que no fuesen comerciales; por otro, eran tildados de avaros y usureros, y se los relacionaba con la mercancía y el oro.

El filósofo Laclau[13] compara al oro con el "objeto a"; dice: "La representación totalizante sólo es posible si un cierto objeto, si una cierta particularidad, asume en cierto momento la representación de una totalidad que es completamente inconmensurable respecto de sí misma. Este tipo de relación, por la cual la particularidad asume una función universal de representación, es exactamente lo que yo llamo la relación hegemónica: hay hegemonía siempre que se da esta negociación imposible, entre lo particular y lo universal (…) En otro orden de cosas ustedes pueden pensar que el valor en economía no se puede representar de modo directo; entonces ¿cómo se puede representar el valor? Solamente si una mercadería particular sin abandonar su particularidad asume la representación del valor en general. Y el oro representa justamente este otro tipo de función".

La diferencia estriba en que mientras el oro representa lo deseable, los judíos asumen la representación de lo desechable. Ambas condiciones están en la estructura; una es la contracara de la otra. Tal es así que Freud mostró cómo el excremento es sustituible por el dinero.

La opción, la estrategia y la oportunidad de salir del laberinto judeofóbico la hallamos cuando *lo judío* como valor universal y particular se ubica del lado del síntoma de otro universal constituido por el conjunto de cristianos, musulmanes, budistas, etc. Esta opción alivia al mundo no-judío de cargar sobre sí con el peso del antisemitismo y a los judíos de padecerlo.

En cambio, cuando una particularidad asume la representación hegemónica de las víctimas y otra de los victimarios, cada una goza de un exceso de sadismo o de masoquismo. Aleman[14] dice que: "La

...................................................
13. Laclau, E.: "¿Por qué los significantes vacíos son importantes para la política?", Conferencia publicada en *Debates Contemporáneos, Psicoanálisis y Filosofía*, Editorial EOL, Buenos Aires, 2004, pp.18-19.
14. Aleman, J.: "¿Por qué los significantes vacíos son importantes para la política?", Conferencia publicada en *Debates contemporáneos, Psicoanálisis y Filosofía*, Editorial EOL, Buenos Aires, 2004, pp. 29-30.

hegemonía se establece con respecto a un objeto que es a su vez necesario e imposible. Se llama relación hegemónica al modo en que una particularidad de un modo fallido asume la representación de un universal (...) a través de lo que Ernesto Laclau ha llamado el significante vacío. Es decir, (...) por un lado es necesario cerrar la totalidad del sistema, pero el elemento que clausura esa totalidad no puede pertenecer al sistema, tiene que ser radicalmente heterogéneo al mismo. (...) la sociedad como tal es imposible, en la medida en que es una frágil e inestable negociación entre este momento en donde un significante heterogéneo se tiene que, a la vez, hacer cargo de la totalidad del sistema cerrándolo pero a la vez no perteneciendo al sistema."

Los judíos constituyen una particularidad y "Judío" un significante a vaciar de sentidos.

En síntesis, *lo judío* en tanto síntoma que no sutura sino sólo marca las diferencias, no tiene por qué ser objeto de persecución; los judíos lo son cuando toman el lugar de particularidad que carga sobre sí la representación hegemónica de lo desechable y también de lo envidiable: el oro y sus sucedáneos (cualquier rasgo que los complete imaginariamente para el otro, la inteligencia, por ejemplo).

Hitler –en su paranoia– vislumbraba en *lo judío* el brillo celestial y lo dio vuelta, al depositar en los judíos todas las miserias humanas. A esto se agregó un trauma insospechado y ocultado: Hitler sometió a alemanes y europeos a rastrear las huellas judías en la prosapia de cada uno.

¿Quién imagina el trauma alemán de rastrear el árbol genealógico materno? Este rastreo que se hacía para descubrir el origen judío perdido, confirma la mezcla, la intersección y la imbricación: judío, no-judío.

Luego la complicidad del pueblo alemán en el exterminio de judíos, se debió al borramiento del orden simbólico y del deseo al querer aniquilar la propia sangre. "El odio es tentativa de erradicación del objeto de la angustia, del objeto causa del deseo, de ese objeto alrededor del cual gira toda la dialéctica imaginaria del narcisismo y del amor. Este odio (...) llega a darse representantes. Como sucede siempre con el ser hablante, es suficiente que una imposibilidad esté un poco circunscripta para (...) que este odio caiga sobre un objeto del mundo, de preferencia un semejante y si es posible un poco diferente: eso no es muy difícil de encontrar, está a la vuelta de la esquina. El odio desde ese momento consiste en hacer que el mundo sea sin eso, que "eso" sea arrojado a lo inmundo. En este sentido el odio apunta a la limpieza: es un verdadero tornado blanco y la neurosis del ama de casa es abismal."[15]

Dijimos que el valor del relato bíblico, radica en la instauración de la metáfora sobre el Padre. La Biblia escribe la legalidad de la decisión: "Tú serás mi mujer" y "Tú serás mi hijo/a", decisión expresada por la voz de Dios. Este telar simbólico teje de ahí en más una filiación separadora. La voz de Dios: "Tu serás un padre" y "tu serás un hijo de" (relatos de Abraham, Isaac y Jacob) redobla el mensaje del deseo, el cual llega invertidamente desde el Otro –alteridad que no es el otro, el anti– como deseo de "paternidad" y de "filiación". Freud ubicó la función mediadora del padre en la cultura, cual es: a la Ley se accede por el deseo que vuelve desde el Otro invertido.

El psicótico es aquel para quien este redoblamiento o llamado del Otro a cumplir la función paterna, está forcluido (no opera). El neurótico, en cambio, deja que este llamado actúe. Luego el deseo judío es un deseo neurótico de *paternidad de un símbolo, de un significante, de un nombre*. Este significante "Judío", no podrá ser nunca igual a sí mismo, sino siempre otro significante-hijo-padre, un nuevo significante que se inscriba –cada vez otro y cualquiera– en el universo discursivo de la incompletud y la "no relación sexual" entre los discursos, es decir, la imposibilidad de complementariedad de un discurso con su "anti" discurso.

---

15. Guy Le Gaufey, "El dés (a) úr", Litoral 10, Buenos Aires.

# La Diáspora... nación inexistente

> *Hogar es el lugar al cual cada uno designa para sí y para algún otro: nuestro lugar.*
>
> Mirta Goldstein

¿Por qué la *diáspora*[16] (permanencia de judíos fuera de la tierra de Israel) no deja de ser un exilio y, a la vez, por qué no es un exilio en el sentido más convencional? ¿Cómo entender un conflicto de pertenencias que no puede alcanzar una síntesis satisfactoria porque desde una ribera los judíos miran a Zión[17] y desde Zión atisban la inmensidad diaspórica? Considero que la *diáspora tiene dos orillas: el límite y tras el límite*, y que Zión e Israel también.

¿En qué mapa se contornea esa tierra llamada diáspora que cobra vida imaginaria? ¿Es la tierra la imaginaria o es el atlas del mundo sin la diáspora el que falsea la geografía? La diáspora se mantiene viva mientras los judíos no reniegan de sus orígenes y tampoco de sus nuevas adquisiciones culturales en otros países. En cierto sentido la diáspora es una doble frontera que une lo disperso y discierne lo indiferente pues aun la realidad de la asimilación (abandono voluntario de la identidad judía) es contable dentro del mundo diaspórico.

La Biblia dice: *"Mi Zión teizé Torá"* (De Zión saldrá la Torá[18]) aunque no especifica hacia dónde ni el punto de llegada; a pesar de lo cual constituye una salida inconmensurable pero limitada.

Entonces, para que los judíos no queden atrapados en los sentimientos ambivalentes a los que la historia de las atrocidades padecidas puede llegar a reducirlos, se impone tomar alguna distancia emocional y pensar el sentido actual de la diáspora y su correlación con un Estado político judío, con la fe religiosa y con la laicidad, es decir, contornear todos sus bordes.

---

16. Se conoce como *diáspora* a la realidad de los judíos fuera de su tierra ancestral y de Israel actual; sin embargo es el nombre de la realidad de los exiliados en general. También nombra a un pueblo sin territorio propio.
17. *Zión*, referencia simbólica y bíblica a la Tierra Prometida que también se puede homologar a Jerusalén y a su influjo emocional para los judíos.
18. *Torá*: libro sagrado del judaísmo.

Así como la diáspora constituyó el territorio de la persecución judeofóbica, cumplió una función de sobrevivencia indiscutible antes y después del Holocausto y, a partir de la fundación del Estado de Israel, vivió una existencia paralela al mismo. Hoy traspasa los límites circunscritos por la tradición conservadora y el progresismo. La diáspora y lo judío exceden los límites ideológicos –en todas sus variantes– y del sionismo. Las distintas experiencias diaspóricas del mundo tienen en común el poder de aglutinar o dispersar a las comunidades judías, por lo cual en tanto concepto y en tanto experiencia, la diáspora acumula un sinnúmero de contradicciones y de posibilidades.

A los judíos diaspóricos –la mayoría lo son salvo que nacieran en Israel, pero aun éstos tienen raíces extranjeras– conviven con un sentimiento histórico de inclusión excluida y de exclusión incluida. Este sentimiento perdura y acompaña a los judíos desde el tiempo de su unificación como pueblo. Los relatos sobre el Éxodo, los destierros después de las dos destrucciones del Gran Templo y la mirada puesta en Jerusalén, han inscripto en generaciones y generaciones las marcas del desarraigo y las marcas de las nuevas identidades, el deseo de desembarazarse del estigma y el de integrarse a esos otros "mundos", y el deseo de no integrarse a los pueblos hospedantes y "retornar" al seno de la madre tierra. Doble sentido de la madre tierra porque al llegar a ella algo habrá sido muerto simbólicamente.

Después de la creación del Estado de Israel, la diáspora no ha perdido vigencia. No se debe a factores económicos, a que Israel sea un territorio poco extenso, ni al multiculturalismo inherente a los dominios internacionales, sino al complejo hecho de que para cualquier minoría o pequeña localidad, lo que existe tras el límite representa una ocasión y un desafío de conquista.

La Diáspora subsiste como nación imaginaria, y divide al Sionismo entre un sionismo ya alcanzado y otro que fluctúa entre lo realizado y por realizarse indefinidamente. El judaismo de nuestro tiempo no es uniforme, como tampoco lo fue antes; hoy contiene en su seno la pluralidad y diversidad concernientes tanto al Estado político como a la nación diaspórica. Cada judío decide dónde insertarse y dónde plantar su jardín, pero la vida judía se demarca por el encuentro entre el gueto obligado y el elegido y por fronteras judío-no judío abiertas o cerradas. Luego hay otros dos territorios a pensar: el mundo que establece un gueto para consolidar la segregación, y el gueto que demarca un mundo para segregarlo. La diáspora realiza una integración de ambos, que, como cualquier otra integración, se verifica más en sus fallas que en sus aciertos. Los desaciertos son suplidos por la referencia a un Estado-Nación-Religión, Israel, cuyo aspecto democrático radica en que también falla en la integración absoluta de todos sus componentes, en sí heterogéneos; esas mismas fallas que connotan diversidad (étnica, cultural, idiomática, educacional, ideológica) son las que generan antijudaísmo y antiisraelismo.

Israel surge del intento mundial de dar una solución –parcial– a la *cuestión judía*, cuestión dilemática para el mundo desde siempre. Si bien Israel otorga pertenencia y nacionalidad a los judíos dispersos según la ley del retorno, también es cierto que *lo judío*, en tanto síntoma universalizable, excede al Estado de Israel.

La diáspora orilla un *entre dos*: los judíos del mundo y en el mundo, incluida la nación israelí, y *lo judío* diverso y plural que escapa a *una* única definición y a una única pertenencia. Sólo desde una concepción compleja y paradojal se pueden entender pertenencias contradictorias y creativas al mismo tiempo, intrínsecas a una nación inexistente pero con más de 2000 años: la diáspora, y a un país, Israel, todavía muy joven para los mismos judíos y para el mundo.

## ¿Diaspórico o apátrida?

> *Donde sin embargo el peligro se halla,*
> *crece la salvación también.*
> FIEDRICH HOLDERLIN

> *Pero cuando el exilio habita en un alma desilusionada, ofendida, herida, créeme, la situación geográfica no cuenta. Cuando amas a tu país (y sufres por él) no existe diferencia alguna entre hacer de Cincinnato en una remota colina del Chianti, junto a tus perros y tus gatos y tus gallinas, o ser escritor en una isla de rascacielos apretujados por millones de habitantes. La soledad es idéntica. La sensación de fracaso, también.*
> ORIANA FALLACI

Imre Kertész resiste con su obra, a los totalitarismos y la xenofobia. Su estilo de sublevación es pacífico pero sumamente combativo y tiene su punto de inserción en proponerse como *síntoma intelectual*, en lugar de identificarse con el lugar de "víctima". Retorna a la dimensión de *lo judío-síntoma*, lugar que le permite no acordar con el poder que, aunque hoy se diga democrático, conserva intacto en su seno el poder fascista nacionalista.

Algunos se preguntarán, con justa razón, de qué manera puede interesar al resto de los judíos y al resto del mundo una posición tan particular. Y, por otra parte, en qué difieren sus denuncias respecto del totalitarismo y la judeofobia de tantas otras denuncias.

En primer lugar, denuncia el poder del totalitarismo en sí, no de tal o cual régimen político, aunque actuó oponiéndose al nazismo de Hungría y al stalinismo. Dice: "El totalitarismo expulsa de sí mismo y pone fuera de la ley al ser humano. Pero precisamente esta situación fuera de la ley, esta muerte masiva de mártires (...) involuntarios, vuelve a traer a la mente del hombre aquello de lo que fue despojado, la columna básica de su cultura y de su existencia: la Ley"[19].

Kertész no es un idealista, no rechaza la destructividad del ser hablante sino que se opone a un discurso que entronice la impudicia,

---

19. Kertész, I.: *Un instante de silencio en el paredón*, Editorial Herder, Barcelona, 1999, p. 70, Conferencia de 1991.

el tedio y la obscenidad. Por ello retorna a la Ley Simbólica y a su rasgo de universalidad.

El Mal del siglo XX fue obsceno; lo fue en el sentido de mostrar el goce en su estado más puro, aún más allá del velo de algún deseo hostil. A la pureza de ese goce se le asoció el pedido de "pureza" universal y un exilio intelectual, afectivo y físico, de todos aquellos que deseaban quedar a cubierto de tanta obsenidad.

En la conferencia *Patria, hogar, país*, dedicada a sus compatriotas húngaros, se reconoce como el exiliado interior al delirio totalitario, dice: "¿Sabéis qué es la soledad en un país que se celebra a sí mismo, que vive en la efervescencia de su incesante delirio? (...) y cuando sus representantes culturales mencionan cierta intelectualidad (...) apátrida y desarraigada, me reconozco a mí mismo con una sonrisa que ya se ha vuelto habitual".[20] "Vivir con un sentimiento de desamparo hoy en día, es probablemente el estado moral en que, resistiendo, podemos ser fieles a nuestra época. (...) Nuestra mitología moderna empieza con un gigantesco punto negativo: Dios creó el mundo y el ser humano creó Auschwitz."[21] "Vivo en una situación de minoría elegida y asumida –hasta podría decirse de minoría mundial– a la cual definiría como una forma de existencia espiritual basada en la experiencia negativa."[22] (alude a la Shoá).

Elegir ser síntoma voluntario y no víctima obligada, constituye un acto que negativiza, lentamente, los efectos de culpa producidos por sobrevivir a la solución final. Dramática asociada al Mal que sobreagrega a la culpa por la sobre-vivencia a los antepasados, la culpa por la sobre-vivencia a la obscenidad del Mal.

Sobrevivir, después del espanto, involucra al sujeto en una incomodidad crónica: una incomodidad en la vida.

La postura de Kertész es singular, pero dado que reviste consecuencias y acciones políticas, es transmisible a otros. Es transmisible la idea de no buscar amparo en las soluciones falsas, indiferentes, hipócritas y conformistas.

Por ello alega: "La tarea del arte y del hombre que se piensa libre, es usar el lenguaje contra la ideología totalitaria, conformista y antiintelectual"[23], es "escribir historias sobre el bien y el mal para sentir

---

20. Ídem, pp. 19, 20, Conferencia de 1996.
21. Ídem, p. 18, Conferencia de 1996.
22. Ídem, p. 25, Conferencia de 1996.
23. Ídem, p. 121, Conferencia de 1990.

sobre nosotros mismos la mirada simbólica bajo cuya luz actuamos o no actuamos"[24].

La escritura es acto. Kertész decide actuar asumiendo las contradicciones inherentes a su "humanismo", por ello busca donde poder reunir al sujeto-síntoma "judío" y al escritor exiliado de las convenciones. Decide por un exilio que considera ético: el *"retorno a Alemania"*.

¿Puede la Alemania actual constituir una residencia para un judío sobreviviente? Kertész no sólo cambió de dirección y de país, con una vuelta de timón cambió el rumbo que el nazismo y el totalitarismo comunista le habían deparado: la censura, la tortura o la muerte.

Alemania no es cualquier diáspora; para algunos sigue representando al Infierno, para Kertész, parafraseando a Holdërlin, es la salvación intelectual.

¿Quién se radicó en Berlín, el sujeto-síntoma o el escritor? ¿O acaso el sujeto-síntoma es el *escritor* de un estilo y de un destino?

Decide radicarse en Berlín pues la verdad habla en el síntoma, y él le habla a Alemania, a los nacionalistas húngaros, a los solapados comunistas acérrimos que desmintieron el terror.

Una tribu de Oceanía tiene por costumbre que el asesino viva en la casa de la víctima sustituyendo al muerto; extraña costumbre porque pareciera que el muerto quedase sin sepultura, sin el derecho al olvido y sus allegados no merezcan el consuelo del duelo, pues el asesino es la presencia misma de la ausencia. Sólo que siendo presencia de una ausencia se transforma en símbolo, y siendo símbolo renace el sujeto.

Kertész no acepta la condición de judío-víctima. Al radicarse en Alemania declara la muerte a lo muerto, no a los judíos muertos sino muerte de lo muerto en él por causa del exterminio y así poder sobrevivir a éste. Se extraña de lo que fue considerado por los nazis: un resto, y se sujeta a lo que le es irreemplazable e insustituible: la letra.

En esta residencia alemana, él es el asesino simbólico que habita en la casa del muerto (los alemanes muertos subjetivamente por lo cometido). ¿Cómo entender esta posición de extranjería hospedada en lo más íntimo del trauma? Para dilucidarla remito a la pregunta de las preguntas que los judíos repiten incansablemente año tras año en Las Pascuas: ¿en qué difiere esta noche de las otras?

---

24. Ídem, p. 120, Conferencia de 1993.

Recuperemos, del enunciado de esta pregunta, su nudo interior y avancemos respecto de la siguiente interrogación: ¿en qué difiere actualmente Alemania de Alemania? En que en la Alemania nazi los judíos fueron víctimas, y en la Alemania de hoy son síntoma.

¿Qué es un síntoma en este contexto? Es la manifestación crítica de que las cosas en el mundo "no andan", o sea, el síntoma muestra la fractura entre *la experiencia emocional y la conciencia racional*; es el emergente depositario de las crisis del orden familiar, social y del poder, pero a la vez, el síntoma emerge como una verdad-obstáculo[25], la ocasión para sublevarse a lo que anda por el carril de lo siniestro, la oportunidad de subvertir la masificación y la globalización de la desmentida del dolor de la muerte y de las guerras.

El síntoma se opone a la masa, al estereotipo y al no querer saber, implicarse y responsabilizarse. Pensemos a la masa como lo hace Freud[26], por la psicología uniformada de un grupo que termina erigiendo un tirano porque reniega de una Ley no-toda, o sea, de la *ley como síntoma* de la legitimidad y legislación del Verbo.

---

25. Allouch, J.: *El sexo de la verdad, Erotología analítica II*, Cuadernos el Litoral, Buenos Aires, 1999.
26. Freud, S.: *Psicología de las masas*, Obras Completas, Amorrortu Editores, Buenos Aires, 1980, Tomo XVIII.

# *Ética, creación y subjetividad*

> ...*el problema de la ética surge porque a partir de cierto momento del desarrollo de la ciencia el sujeto moderno comienza a pensar que la razón lleva a situaciones tales como el nazismo; no en términos de irracionalidad sino que la razón llevada a las últimas consecuencias –incluso a partir de la ciencia– le ofrece al sujeto humano la posibilidad de su destrucción. La razón, pretendida como garantía contra el peor mal aparece como portadora del peor mal, como la posibilidad de aniquilación del humano. Y entonces, frente al susto que este desencadenamiento de la razón ha provocado, frente a ese gesto casi traumático que el desarrollo de la razón ha producido, el sujeto moderno se ve llevado a reflexionar sobre ciertos límites.*
>
> Javier Aramburu

> *Le tengo rabia al silencio por lo mucho que sufrí, que no se quede callado quien quiera vivir feliz.*
>
> Atahualpa Yupanqui

# El poema después de la Shoá*

> *Donde el totalitarismo golpea con más fuerza, en el fondo, es en la creatividad; por otra parte, es precisamente a la luz de la creatividad donde mejor se manifiesta su carácter absurdo.*
>
> IMRE KERTÉSZ

¿Bajo qué condiciones entre los escombros del mal, surge el poema si el absurdo totalitario golpea la creatividad? La creatividad puede ser golpeada, pero no aniquilada. Esta es la repuesta de Kertész a su biografía.

Desde Budakalasz, un pueblo sobre las vías del tren en las afueras de Budapest, Imre Kertész fue trasladado al campo de exterminio de Auschwitz cuando contaba 14 años. Éste constituyó su primer exilio, luego vinieron los exilios voluntarios y el abandono de Hungría debido a la invasión rusa.

Estas rupturas con la historia y con su país de nacimiento, reaparecen bajo la forma estilística de romper con las reglas sintácticas y de puntuación, dando lugar a que su prosa sea leída como si se escuchara. Bajo este sesgo personal, su escritura contiene un sentido siempre por advenir que convierte a su lector en un ajeno íntimo, y a él mismo en un extranjero a su decir. No busca un diálogo, busca un testigo; no busca comunicarse ni se ofrece a la identificación. Kertész se exilia dentro de sí mismo en tanto desde ahí, puede alcanzar un poco de extrañeza respecto de lo convencional. Se extraña del mundo y se aloja en él como huésped circunstancial.

Refiere que la *extranjería intelectual voluntaria* que adopta como posición vital y artística, ha sido para él, primero, un sentimiento impuesto y, luego, una posición decidida como premisa del lugar histórico que lo habita y que habita. Primero sentimiento de ajenidad e impotencia y luego motor y motivo de su pacto con lo culto, lo judío y lo ético, rasgos con los que se identifica pero a los cuales atribuye el poder de promover distintos modos de agravios segregatorios.

---

* Otra versión de este trabajo de investigación sobre el poeta húngaro puede encontrarse en el libro del *Tercer Encuentro de Intelectuales*, editado por Milá, Buenos Aires, 2005, bajo el título: "El tren que salió de Auschwitz rumbo a la creación literaria", p. 246.

Para muchos intelectuales europeos, cultura, humanismo y libertad casi se homologan, no tanto en cuanto Ideal a conquistar definitivamente por las realidades políticas –pues la práctica del poder desmiente la relación causal que algunos suponen entre aquellas: a mayor educación mayor libertad y menor violencia– sino en tanto espacio donde resistir a entregarse a la banalidad, a la masificación, a la drogadicción del consumo.

*La posición de extranjería* es la única patria donde Kertész puede permanecer, ella es su exclusivo espacio-tiempo. Es un espacio-balcón, desde el cual no es arrojado al vacío mientras no cese de dar testimonio sobre la ignominia de la Shoá y de los totalitarismos sufridos.

Freud en su texto *Duelo y Melancolía* alude a que la pérdida del gozar de la vida y del sentimiento de sí, es la característica del dolor psíquico y de los duelos inacabados. Para Kertész transformar la melancolía del Holocausto en obra y pasar por las pruebas que la vida posterior a su salvación le depararon, constituye su Odisea y su retorno, la Odisea de sobrevivir.

El exilio voluntario aloja una experiencia autoanalítica y autocurativa que vierte en sus imágenes literarias y lo libera del abandono de todo lo conocido: lengua y paisaje.

A diferencia de Celan, Primo Levi, Betelheim, Benjamin y algunos otros que no han logrado suplir del todo a través de la escritura el abismo que los atraía hacia la muerte, Kertész, después de depurar su dolor, justifica su no-suicidio como un logro del estado nazi y del estado stalinista en los cuales cualquier error estaba prohibido, aun el acto de quitarse la vida pues la vida de todos pertenecía al *amo político*.

Mientras Semprún prefiere no quedar capturado en la prisión del recuerdo, Kertész recuerda para elaborar y para no hundirse en un destierro mucho más terrible.

"En contraposición a la gran mayoría, no me interesaba cómo vivir este mundo, sino cómo describirlo. Y la forma artística muestra este mundo tal como es para la experiencia humana: *rechazable*"[1]. "La tarea del arte es oponer el lenguaje *humano* a la ideología"[2].

A la ideología nazi que lo excretara como rechazable, opone un siglo rechazable. No sólo escribe para confirmar que hay poesía

---

1. Kertész, I.: *Un instante de silencio en el paredón*, Editorial Herder, Barcelona, 1999, p. 120, Conferencia de 1993.
2. Ídem, p. 121, Conferencia de 1993.

después de Auschwitz, sino que sostiene que en la posguerra se inaugura la *cultura del holocausto* como única posibilidad de transformar la aniquilación en germen de un "nunca más". Puede haber poema después de la Shoá a condición de no cesar *de escribir sobre la Shoá*, Shoá que no cesa de no escribirse como real inasimilable.

¿Condición del arte o memoria condicionada a un dictamen de no olvidar?

Borges ha escrito: "A medida que transcurren los años, todo hombre está obligado a sobrellevar la creciente carga de su memoria. Dos me agobian confundiéndose a veces: la mía y la del otro, incomunicable".

Casualmente Kertész titula a una de sus novelas: *Yo, otro*, concentrando en ese título la memoria de todos los *otros* escogidos –en la historia del mundo– como víctimas del poder demencial de los tiranos y los fanáticos.

Si el arte es un grito de rebeldía contra la estupidez, Kertész es uno de los grandes rebeldes aún vivos.

Javier Cercas, novelista español, le hace decir a uno de sus personajes en la obra *La velocidad de la luz*: "Quiero decir que la gente normal padece o disfruta la realidad, pero no puede hacer nada con ella, mientras que el escritor sí puede, porque su oficio consiste en convertir la realidad en sentido, aunque ese sentido sea ilusorio; es decir puede convertirla en belleza, y esa belleza o ese sentido son su escudo (...) por eso cuando un escritor deja de escribir, acaba matándose..."[3]

Kertész escribe gracias a un afortunado encuentro entre la estética del arte y la ética del sobreviviente. Sobrevivir ¿no es acaso conquistar un sobrante de vida? La materialidad imaginaria del acto creador puede consistir en eso: *un sobrante de vida entre la muerte simbólica y la muerte real*. Sobrevivir es sacar partido de la caída del *proyecto moderno de emancipación de la humanidad*.

Después de la Shoá hay poema, solo que este poema es *otro*. Hay poema que olvida y hay poema que olvida el olvido. El Poema Universal anuda la extranjería traumática a la experiencia sobreviviente individual y colectiva.

---

3. Cercas, J.: *La velocidad de la luz*, Tusquets Editores, Buenos Aires, 2005.

# La experiencia sobreviviente de la escritura

> *Mi corazón es un ánfora que cae y que se parte...*
> FERNANDO PESSOA

> *...saber qué permite sobrevivir, se halla consustanciado con la experiencia de lo múltiple, diverso y disolvente, y aquél que sabiendo sobrevive, es también aquél que se entrega más temerariamente a la amenaza mortal que lo endurece y refuerza para la vida.*
> MAX HORKHEIMER / THEODOR ADORNO

Hay autores que marcan el destino de sus lectores. Es un destino intelectual y existencial, lo que vale decir que si alguien comienza a leer de pequeño, su vida quedará entramada con la prosa o la poesía de sus escritores preferidos.

En algunas épocas la literatura adquiere mayor relevancia que en otras pues la expresión artística no se sostiene sin altibajos a través del tiempo.

Una de las equivocaciones de los críticos del siglo XX fue dictaminar que la literatura era un ejercicio retórico puesto en duda por los nuevos medios de comunicación masiva.

La literatura constituye un lazo con el pasado, con el presente y con el futuro el cual se concreta no sólo escribiendo, sino a través de la función del "lector". El lector no es mero destinatario, a veces se convierte en el verdadero sujeto que pone en circulación los nuevos sentidos. Para el que escribe, la literatura suple el intento de desabono del Otro-Padre.

La estética literaria condensa la cadencia de la lengua original y el estilo particular fruto de un saber hacer con el lenguaje. Sus manifestaciones son expresiones en continua transformación, luego hay estéticas escriturales diversas, semejantes y jamás idénticas.

Entre los autores que accedemos a conocer –más allá de los éxitos mediáticos o, por qué no, gracias a ellos– distinguimos a los escritores que perduran de aquellos rápidamente olvidados, los clásicos de los circunstanciales. Me interesan los que han sido y serán inolvidables y, sobre todo, los que son leídos a medias. A medias quiere decir que son ajenos a un desciframiento acabado y, por lo tanto, ajenos al comentario trivial.

Elegí cuatro nombres de autor, cuatro expresiones de la capacidad humana de "sobrevivir" bajo el techo de la literatura y de "lo moderno-culto".

Llamo *sobreviviente* no sólo al que escapa a la muerte biológica en medio de una devastación colectiva, sino al que re-arma su mundo simbólico y real después de un accidente psíquico. La experiencia sobreviviente está relacionada con la angustia, el desgarramiento, la soledad y el ostracismo, desenlaces que necesitan de un nuevo enlace del sujeto con el mundo para no perecer como tal.

Cada vez que el escritor se exilia de "lo mundano" su creación está construyendo un hogar, una patria o un bunker donde refugiarse.

Joyce es hoy un nombre de autor –según la feliz locución de Foucault– pues consiguió que se lo tomara como paradigma de una revolución literaria y una especie de héroe respecto del destino trágico que se le deparaba psicológicamente. No sabemos aún si logrará alcanzar los 300 años de renombre e interés entre los universitarios –núcleo reducido y especializado a los que aspiraba conmover– y, por otra parte, la difusión de su obra no siempre es sinónimo de fácil acceso a la lectura de la misma, salvo los relatos editados bajo el título *Dublineses, m*ás cercanos a una escritura clásica.

Si bien Pessoa ha alcanzado un lugar indiscutible en las letras del siglo XX y se ha hecho reconocer por sus heterónimos, sin embargo ha sido y sigue siendo un autor de minorías conocido por el gran público pos-mortem. Más bien la multiplicación de nombres con que ha firmado su obra, soldaron su yo creador al sentimiento de sí que él mismo sentía desperdigado y difractado. Pero no sólo eso. Los nombres le dan nombre a "su" relación con *la nada* que lo habitó desde siempre. La nada melancólica brota de los cuatro estilos con que dio forma a su obra, aun cuando con esos nombres intentó circunscribirla.

Otro tanto ha sucedido con Kertész; su obra –dirigida a aquellos que no se obstinan en negar las atrocidades del nazismo en toda Europa– sigue oculta o desapercibida. A tres años del Premio Nobel ya casi no se lo encuentra en las librerías.

A Kafka se lo ha conocido de a poco; se fue apoderando del siglo XX por la calidez y hasta sensualidad de sus metáforas sufrientes. Muchos han querido reducir su obra al análisis de las relaciones imaginarias con su padre, lo cual se convirtió en fuente inspiradora para la industria del cine; con ellos disentimos pues nos inclinamos por complejizar más que simplificar los determinantes supuestos de la inspiración.

¿Qué representan estos escritores para los modernos, qué los llevó a ocupar un lugar privilegiado en el sentimiento popular a pesar de que este sentimiento puede ser inverso al número concreto de lectores? Representan la posibilidad de ruptura con lo establecido por la crítica, con el exitismo, con la escritura estereotipada y con los ideales globalizantes y masificantes.

Los cuatro hacen de la invención literaria, su única posibilidad de "estar en este mundo y en algún mundo". Cada cual se rescata a sí mismo escribiendo; cada uno sale y entra de la marginación o el abandono de sí por una "complicidad" con la letra.

Romper la lengua inglesa pero sobre todo, romper con la lengua inglesa común y comunicable, ha sido la táctica de política literaria de James Joyce. Ausentarse en otros nombres para estar indudablemente presente en ellos desdoblado y multifacético, constituyó la táctica de Pessoa. Bordear sin descanso el cráter de la Shoá para argumentarse a sí mismo, la de Imre Kertész. Revelar el centro de su dolor filial y metamorfosearse con sus cuentos, la de Kafka.

De alguna manera mostraron en acto que "nadie es profeta en su propia lengua". Sus lenguas maternas perdidas, hay que rastrearlas en sus metáforas y en el espacio-tiempo que crean.

Son sobrevivientes al poder omnímodo de la razón moderna y pueden ser psicologizados, psiquiatrizados, exonerados o dados de alta. ¿Pero acaso eso importa desde la perspectiva del arte? ¡Decididamente No! La creación ni se justifica ni se comprende.

Cada uno porta su "trauma" pero más que otra cosa, sobrevive gracias a él, luego la salida de lo traumático que inventan, es siempre un sin cesar volver a pasar por las marcas del trauma para universalizarlo, o sea, para que sirva de metáfora del dolor y de la alegría del género humano. Inventan su singular *genealogía del trauma*, genealogía que va más allá de de las biografías.

El paso por Auschwitz de Imre Kertész o la orfandad de Pessoa, la carencia espiritual de padre en Joyce o el exceso vivencial de padre en Kafka. Todas las experiencias dolorosas son en el fondo traumas por la decepción ante lo inadecuado del amor al prójimo –incluido en ese prójimo al propio padre–. El lector, sólo después de desembarazarse de las biografías logra adentrarse en la experiencia sobreviviente anclada en *no cesar de escribir* porque algo no cesa de no escribirse.

De la experiencia sobreviviente quedan los hombres y los nombres que la sobreviven, y las obras que sobreviven a esos mismos sobrevivientes.

Si escaparon a la locura y al suicidio es porque de "la nada" que atraviesa lo humano ellos hicieron literatura.

*"...la nada representaba para mí la vida en que yo debía orientarme..."* escribe Kertész.

*"De la vida, no deseo otra cosa que sentir que la pierdo",* escribe Pessoa.

Hijos del Iluminismo –corriente cultural que delineó su propia frontera entre lo culto y lo inculto, el saber y la ignorancia, entre el adentro y el afuera, entre el gueto y el exilio– fueron y son contemporáneos del nihilismo y se vieron arrojados a *vanguardiar* lo maldito pero, más que eso, han podido expulsar lo mal-dito (dicho).

Los cuatro jugaron con las hilachas de lenguas muertas y con los retazos de lenguas habladas por los ya muertos. No son únicos, se hicieron *uno* con su acto creador, uno con lo sublime –exaltación mayor de lo bello (Kant, *Lo bello y lo sublime*)–.

Las características de su creación permitieron construir la subjetividad paradigmática del último siglo y poner en cuestión la vigencia de "lo moderno". Cuando lo moderno alcanza el horror... *o peor*, lo bello llega para instalarse como uno de sus límites (Lacan).

En su *Carta al padre*, Kafka[4] deja ver el ilimitado sentimiento de culpa por un amor a un padre infinito. Tanto reproche no es más que la otra cara de ese "amor al padre" en estado puro. Ahí donde el Padre debe alojar la impureza del deseo, el padre para Kafka aloja la hipocresía de un deseo no avenido o fanatizado. Cuando el Nombre del Padre no hace función de símbolo del deseo, la suplencia a ese nombre se escribe en metáforas sobre "la nada".

---

4. Kafka, F.: *Carta al padre*, Cántaro Ediciones, Buenos Aires, 1999.

## Sobrevivir en el poema o en el psicoanálisis

> *La cultura de masas (o mejor sería decir la política de masas) es una máquina de producir recuerdos falsos y experiencias impersonales.*
>
> JORGE LUIS BORGES

En uno de esos momentos de deleite de la lectura de aquello que escapa a lo cotidiano, me sorprendió encontrar en "Los sujetos trágicos, Literatura y psicoanálisis" de Piglia (escritor y pensador argentino) la observación respecto de que los escritores temen del psicoanálisis cierta invasión y cierto cercenamiento del decir poético. Piglia dice: "Por de pronto los escritores han sentido siempre que el psicoanálisis hablaba de algo que ellos ya conocían y sobre lo cual era mejor mantenerse callado... Al revés de Ulises pero cerca de Kafka, los escritores intentan (muchas veces sin éxito) oír el canto seductor de las sirenas y poder después decir lo que han oído. En esa escucha incierta, imposible de provocar deliberadamente, en esa situación de espera sutil, los escritores han sentido que el psicoanálisis avanzaba como un loco furioso."[5]

¿Es esta una fantasía de Piglia y de algunos pocos más, fantasía que por suerte no atormenta lo suficiente pues de lo contrario hubiese inhibido la escritura desde el advenimiento del psicoanálisis hasta nuestros días o, por el contrario, es una idea sagaz y una advertencia a tener en cuenta cada vez que un creador consulta al analista? ¿Piglia nos propone una dicotomía insalvable o la posibilidad de un lazo diferente entre dos campos disímiles pero allegados por el paradigma de la palabra?

Entiendo que sólo expone la fantasía de aquellos que suponen que atravesar un psicoanálisis agotaría su reserva poética.

Como consideramos que no hay algo en reserva que se agota, salvo que la creación se encuentre inhibida por motivos inconscientes, y la sublimación es un destino del reservorio pulsional inagotable en sus posibilidades de crear y ligar nuevos enlaces, entonces si un creador –sin inhibiciones ni síntomas que le impidan escribir– demanda analizarse por motivos que no atañen a su trabajo, su creación debería quedar fuera de

---

5. Piglia, R.: *Formas Breves*, Temas, Buenos Aires, 1999, p. 57.

la analizabilidad. Con lo cual es lícito inferir que el psicoanálisis puede ayudar a aquellos que en determinado momento cesan de inspirarse, es decir, cuando la creación sufre de una inhibición sintomática.

Acuerdo con Piglia cuando afirma: "la literatura discute los mismos temas que la sociedad, pero de otra manera". Lo que restaría agregar es que el psicoanálisis también, pues la única definición legítima de su ejercicio sería: "decir de otra manera lo que para el sujeto sólo puede manifestarse en el síntoma".

Quizás sea esta la frontera común entre literatura y psicoanálisis, frontera más que a temer, a transitar.

Para el psicoanálisis cualquier escrito es una carta de amor dirigida a una alteridad inexistente y anónima o de relevancia singular para su autor. Si esa *cartadeamor* está además bellamente escrita, hablamos de poesía y sugerimos que siempre llega a destino: el Otro.

Entiendo por poesía no sólo al género específico, sino a la producción de metáforas. La escritura gira alrededor de un vacío y en cada giro le va dando cuerpo a un nuevo decir.

El psicoanálisis cumple la función de discernir a qué se debe que los poetas nos hagan falta, y por qué lo peor que puede ocurrir es que los poetas silencien su decir.

La angustia a la que hace referencia Piglia, guarda relación con la locura y la furia, porque ambas están aliadas a la pasión. Al acercarnos al objeto de pasión, la angustia delata su locura.

Esa angustia es deseo de una escritura. "El deseo es asimismo, más allá de todo cuanto puede alcanzarse, una nostalgia de aquello que ya habría sido: esa Nada más grande que todo, que asediaba al deseo materno llamando a un cuerpo que viniera a la luz"[6]. El arte del decir psicoanalítico, expresa así los orígenes inconmensurables del acto creador.

El psicoanálisis sigue siendo considerado "loco" en una cultura que busca controlar el deseo. Si los escritores advierten ese motor furioso que avanza locamente, deberían, no sin angustia, mamar de su energía para seguir dando a luz *literatura*.

Si fuese únicamente cierto que el psicoanálisis avanza como un loco furioso, aniquilaría el canto de las sirenas e impediría que Ulises emprenda la travesía. Justamente la posición del psicoanálisis es

---

6. Pommier, G.: *Qué es lo "real", Ensayo psicoanalítico*, Nueva Visión, Buenos Aires, 2005, p. 14.

similar a la que sostenían los griegos: hay que emprender el viaje y atravesar las pruebas para alcanzar la "realización", pues de lo contrario la vida aconteció en otra parte y en otro cuerpo.

La cura analítica mitiga la furia pero no desapasiona, por el contrario, deja que salga a lo luz lo que el sujeto ha reprimido por temor o vergüenza.

Sin embargo, alguna verdad deben encerrar las palabras de Piglia.

Si el psicoanálisis no entrañara algo de "locura" poca sería su eficacia. Si avanza es porque se arriesga a pasar las pruebas de Odiseo y Edipo, de Antígona y Yocasta, primero aceptando la pasión y la furia, después aligerando al sujeto de la pasión trágica, en un paulatino acceso a la comedia.

# ¿Qué lugar ocupan las ciencias y la religión en la subjetividad contemporánea?

¿La religión volverá a triunfar sobre la razón científica? ¿Es la ciencia la religión moderna? ¿La fe en la racionalidad, qué clase de creencia representa para el hombre de nuestro tiempo? Si han aumentado los fieles conservadores en el seno de las religiones monoteístas mientras se dispersa y fragmenta la institución religiosa, ¿cuál es la relación entre ambos fenómenos? ¿Qué relación guardan el auge de la tecnociencia y de los esoterismos? ¿Fueron estos interrogantes del siglo XX o atañen al siglo XXI?

Partamos de algunos observables contradictorios. En el siglo XX la religión como instancia institucional hegemónica se ha debilitado considerablemente, lo cual se contrapone con el retorno de viejas supersticiones, el surgimiento cada vez mayor de nuevos ritos y el renacimiento de las "ortodoxias".

Cabe que distingamos entre los ritos (por ejemplo de pasaje por la pubertad) que participan en la transmisión filiatoria, de los rituales que descargan el misticismo latente en los individuos y en los pueblos.

Los nuevos templos –al multiplicarse– fracturan a las religiones tradicionales y expanden el contagio del sentimiento trascendental sirviendo de ese modo al fortalecimiento de la religión; por otra parte, la amplificación de la imagen ritual o del servidor de Dios en la televisión o en los santuarios casi particulares de los predicadores degrada el sentido de lo sacro. El predicador mediático actual, reemplaza al profeta pero también al cura y al rabino, aunque no alcanza el estatuto simbólico de un representante del Padre.

Los discursos esotéricos están compelidos a renovar permanentemente su oferta de pensamiento mágico, aprovechado a su vez por la sociedad de consumo.

¿De qué manera hilvanar estos fenómenos?

El sentimiento de fusión con la divinidad tiene algo mimético, fantástico y fascinante. La contemplación imaginaria de la grandiosidad divina acalla el dolor de existir y la incertidumbre ante la muerte, y refuerza el sentido de la pequeñez humana y, por lo tanto, refuerza la reivindicación del superyó que ordena gozar del sacrificio a Dios (ser de pura esencia).

La *razón* científica (ser de pura conciencia) buscó ocupar en la subjetividad, el lugar que otrora perteneciera a lo religioso. La modernidad descubrió el carisma de la razón conjuntamente al desarrollo de las ciencias.

El estado actual de las religiones se parece bastante al período pre-monoteístico, es decir, a aquél que dio lugar al nacimiento de la idea de un único dios. Los credos mesiánicos retornan con su intento de desbordar los límites a los que se accedió con el advenimiento de Cristo-Mesías. Sin embargo, si esto hubiese sido suficiente, no estaríamos en presencia de un nuevo politeísmo. Al ateísmo del siglo XX hay que agregarle la emergencia de nuevos dioses particulares, trascendentales o terrenales.

La dispersión de la fe da cuenta de algo aún insimbolizado que retorna bajo la apariencia de una nueva deidad o un nuevo representante de la deidad.

El Antiguo Testamento no limita la persistencia de una creencia sobre el Mesías, por ello la mística del texto bíblico tiene su manantial en la insistencia de *un vacío en el núcleo mismo de la fe*. ¿Puede la fe consolidarse por un agujero, una nada?

El ateísmo (secta virtuosa) establecía que para rechazar la idea de Dios, había que tener idea de Dios, con lo cual circunscribía una fe atea dividida entre un saber o creencia y su negación.

La existencia de Dios, creador del mundo, fue llevada a su máximo cuestionamiento en un texto del Marqués de Sade: *Diálogo entre un sacerdote y un moribundo*[7] de 1782, en el cual rechazar la existencia de Dios se constituyó en un tratado sobre el mal y la ley. Ahí el moribundo le dice al sacerdote: "Si como dices el corazón del hombre fuese obra de Dios, ¿no sería ese lugar el que habría elegido como santuario para su ley? Esta ley justa se encontraría allí grabada".

Justamente el ateísmo atestigua que no está grabada. Vuelvo al texto de la novela de Cercas, anteriormente citada, porque introduce un rezo aparentemente sacrílego pero eminentemente creyente como cualquier rezo, es un rezo al Dios Nada y versa así: "Nada nuestro que estás en la nada. Nada es tu nombre, tu reino nada, tú serás nada en la nada como en la nada."

¿Nihilismo? ¿Realismo? ¿Pragmatismo? ¿Fe? ¿Ateísmo? ¿Melancolía? ¿Decir poético? ¿Matemáticas?

La ciencia nos dice que no hay matema del Principio del Principio. La física, escribe el matema del Big Bang, que a su vez metaforiza el

--------

7. Marqués de Sade: *Diálogo entre un sacerdote y un moribundo*, Editorial Argonauta, Buenos Aires, 2005.

nacimiento del universo, su génesis a partir del Caos. Para el Génesis, en el principio era el Caos y Dios separó cielo y tierra poniendo orden de diferencias en el caos pero sin agotar el Caos: lo Real. Cielo y Tierra son los significantes del primer matema.

La fe renueva sus dioses ante la imposibilidad de hacer del Uno todo lo que hay, y del Todo un Uno indivisible. En síntesis, la fe inscribe así un agujero en ella misma y da lugar a la *razón*, y ésta sólo puede volver a delatar su inconsistencia. Del lazo que se fue tejiendo entre religión y ciencia queda algo suelto, un inconsistente torbellino de otras realizaciones, un Real imposible de escribirse totalmente.

Saber y fe, son los nombres que enlazan lo imaginario y lo simbólico a *eso real que se escabulle infinitamente para dar lugar al deseo y a la imposibilidad.*

Freud[8] considera la religión como un narcótico y una ilusión. Pero como una ilusión gloriosa, ya que la entendía en el sentido de la geografía intuitiva de Cristóbal Colón o de los alquimistas. Al igual que esas experiencias pre-científicas –que sin embargo darán origen a la geografía moderna y a la química–, la religión sería una construcción carente de realidad[9], pero que expresa algo imposible en el deseo del sujeto. Cuando el conocimiento científico intenta obturar ese imposible prometiendo la inmortalidad, se torna más peligroso que la fe que promete el más allá. Por eso Freud, quien defiende el paradigma científico frente al espíritu religioso, no deja de ocultar una inquietud ¿no sería dicha "realidad científica" a su vez una "ilusión"?

Lacan ha contestado a esta pregunta cuando afirma que cualquier "realidad" es fantasma, ilusión de certeza, por lo tanto, una ilusión de realidad.

Ciencia y religión se aúnan, cuando desde perspectivas disímiles ejercen el mismo efecto seductor y narcotizante de clausura y cierre de las incertidumbres.

La laicización de las creencias también produce consecuencias ambiguas y contradictorias. No basta con la ideología y el discurso antirreligiosos para salir de la ingenuidad humana. Para Freud, autor del *Malestar en la cultura*, los seres humanos vivencian el presente

---

8. Freud, S.: *El porvenir de una ilusión*, 1927, Obras Completas, Amorrortu Editores, Buenos Aires, 1980.
9. Kristeva, J.: *Al comienzo era el amor. Psicoanálisis y fe*, Gedisa, Buenos Aires, 1986, p. 29.

con ingenuidad, por ello hace falta que algo se convierta en pasado para poder analizarlo y dar cuenta de sus efectos. Esta idea es aplicable a la esperanza laica del siglo XX. Durante las décadas de los '60 y '70, los jóvenes del mundo esperanzados en los grandes ideales revolucionarios tomaron la decisión de abandonar lo sacro. En aquella época, "laico" constituía un ideal libertario aunque no así para los grupos conservadores, para quienes laicidad suponía pérdida de valores, institucionalidad y autoridad.

Sin embargo, a pesar de todos los anuncios respecto de la construcción de una cultura laica que se volvería universal, hacia los finales del siglo XX hemos sido partícipes tanto del recrudecimiento del fundamentalismo religioso como de la disgregación de la idea de Dios.

El siglo XXI recibe las consecuencias de una subjetividad determinada por la ilusión de la caída de los dioses y por la relatividad ética de las ciencias. Luego la subjetividad contemporánea quedó expuesta a la verdad de la fuerza inconmensurable de la fe y de la razón y, al mismo tiempo, a la impotencia de éstas, y a la verdad del individualismo cruel al que la expone quedar advertida de ello.

## ¿Qué es el mal y qué el Mal?

> *¿O sólo escapamos del comercio yendo hacia Sade?*
> Jean Claude Milner

> *El entretejido social fraterno no elude lo peor.*
> Mirta Goldstein

Para abordar el tema de mal se requiere de conocimientos multidisciplinarios, por este motivo sólo abordaré el análisis de la relación entre el "Mal" y la violencia, en la cual el entramado social parece sumergirse cada vez más.

La orientación hacia la violencia no distingue edades, se manifiesta aún en los niños. Lo que hoy nos asombra es la orientación hacia una crueldad fría cada vez más sanguinaria y cierta inclinación al asesinato que tampoco conoce fronteras ni de edad, ni de extracción social, ni de educación.

Las características de crueldad y sadismo con que se invisten las imágenes cotidianas adormecen al hombre ante la violencia, sin embargo esas imágenes responden a una erótica que se instituye como moral común, y a una decadencia de los códigos y convenciones que instituían lo *prohibido*. Estos códigos o reglas –algunas implícitas– permitían distinguir qué se esperaba en tanto "mal" y qué en tanto el Mal.

¿Se espera el Mal? La sola alusión al Mal desde la perspectiva de un sostenimiento incondicional del Bien, lo convoca bajo la forma de algún aspecto de la violencia y la destructividad.

Si el Mal forma parte del campo jurídico y ético ¿sobre qué concepción del bien lo hace? ¿Es sólo la negación del bien? ¿Cuál es la implicación recíproca entre lo que se tiene por bien y produce mal, y lo que se tiene consensualmente por mal pero produce un bien para alguien o algunos? ¿Cómo desacoplar la oposición Bien vs. Mal y distinguir el mal del Mal?

Estos interrogantes pueden subsumirse en otros respecto de los cuales pongo a consideración tres hipótesis:

1• ¿Qué diferencia al Mal de la maldad? Su impostura. Mientras la maldad se sabe cruel, el Mal rechaza de sí la conciencia de maldad y de crueldad y se pretende constituir un Bien para un "todos nosotros". El Mal libera un goce ilimitado que no contempla

el dolor ajeno, mejor dicho, goza de contemplar el dolor en el otro como "extraño" al sí mismo.
2• ¿Qué vuelve inmoral a la moral? El intento de desconocer la erótica que subyace al bien y al mal, erótica de la moralidad o de la amoralidad.
3• ¿Qué une y separa al Mal y al Bien? Lo absoluto de sus modos de ser y la pasión por ignorar la reciprocidad entre amor y odio, vida y muerte.

El psicoanálisis descubrió que la sexualidad inconsciente es determinante de cualquier actividad del hombre.

El comercio y el juego de oferta y demanda son, en principio, sexuales. Comprar no es sólo comprar; acumular no es sólo acumular; vender no es sólo vender. Comprar-se y vender-se son tránsitos libidinales e identificaciones del sujeto. Se obtiene en ello un goce subsidiario pues en el *consumir* el sujeto consume algo que desconoce; no sabe que consume su propio *gozar* y que el goce lo consume.

La erótica capitalista ha impuesto la concepción de que es posible la plenitud del bienestar y el control sobre el cuerpo; gracias a ello el sistema se torna casi indestructible por la pregnancia de la modalidad sadeana del gozar del cuerpo del otro y del propio.

La inteligibilidad de esta cuestión nos la acercan los casos de mujeres que tras varias cirugías estéticas practicadas a edades prematuras, pierden las facciones de su cara y obtienen –en pos del ideal de belleza y juventud– un rostro deformado cuya expresividad ha sido desdibujada, han perdido el espejo.

El film *Brazil*, basado en al novela *1984* de Orwell, film de los años '80 dirigido por el gran realizador Terry Gilliam –fundador del grupo los Monty Python–, muestra con extrema crudeza la cirugía facial de la Madre, mujer sometida a los designios demoníacos de una sociedad en descomposición, quien se ofrece a estirar su piel hasta convertirse en un monstruo humano inhumanizado por la ciencia. La mujer –en silla de ruedas– repite: "El médico dice que va a pasar".

El médico habla desde el lugar del Amo y la ciencia, a la que representa, perdió de vista a quién sacrifica su objeto y su acto.

Czernak[10] diagnostica una psicosis social, una psicosis de la cultura de la que derivan relaciones sadomasoquistas en las cuales los seres

---

10. Czernak, M.: *Estudios psicoanalíticos de las psicosis*. Nueva Visión, Buenos Aires, 1987.

humanos están involucrados activa y pasivamente, a veces como agentes, otras como objetos o como espectadores[11].

La escena perversa *mira* al sujeto; si el sujeto se identifica con una legalidad, depone la mirada por vergüenza, pudor, asco o piedad. Si está involucrado en el goce sadomasoquista, entonces la escena de la carnicería humana o la fábrica del dolor lo capturan y fascinan.

El ordenamiento global de los intercambios al desestimar las barreras de la angustia, dejan sin velar la crueldad, la malignidad y el ansia de opresión del otro produciendo fascinación por el terror, la sangre, el cadáver.

La industria del cine o publicitaria saben aprovechar la erótica y la moral convencional; saben qué ingredientes hacen falta para despertar el goce de lo abyecto.

Pinkler[12] distingue dos dimensiones del mal: un aspecto propio de la existencia que se presenta como inevitable: la muerte, la enfermedad y las catástrofes naturales, y un aspecto que tiene que ver con hacer sufrir. "Estos dos aspectos nuevamente nos retrotraen a lo que llamamos una dimensión ontológica del mal y una circunscripción antropológica. Ontológica es simplemente que se da de hecho en el mundo, antropológica que se determina como *omne malum ab homine, todo mal viene del hombre.*"

Desde esta división de aguas se pierde de vista una posición crítica respecto de los acontecimientos del Mal[13]. Entonces, en una primera aproximación, distingo entre el mal o lo inevitable de la inmundicia que el hombre esparce, el mal cualquiera, y los acontecimientos del Mal.

La desnaturalización del mal es un paso importante en vías de separar la tolerancia a la maldad cualquiera, del rehusamiento a tolerar el Mal como Discurso Totalizador cuyo acontecimiento es un estrago.

...........................................

11. Remito al lector a los ensayos de mi autoría: "Comienzo y final de análisis, una ética de lo diverso del goce"; *Revista de Psicoanálisis*, Número Especial Internacional, 1984, APA y "Los fenómenos forclusivos y los inconscientes posfreudianos", *Revista de Psicoanálisis*, Tomo LIII, número 3, julio-septiembre de 1996.
12. Pinkler, L.: *El mal*, Curso dictado en el MALBA, Buenos Aires, 2003.
13. Así los he llamado en un trabajo titulado: "Los acontecimientos del Mal", publicado como columna en el Newsletter de *El Sigma*, año 2004 y en el ensayo: "Reflexiones sobre el mal y el trauma en los lazos sociales", publicado en *Revista de Psicoanálisis*, APA, Tomo LXI, N° 4, octubre-diciembre de 2004, Buenos Aires.

Nietzsche (*La genealogía de la moral*) pensaba que la aceptación implícita de una superioridad *de lo bueno sobre lo malo*, afecta al hombre como un *síntoma de retroceso, como un síntoma narcotizante* (2003, p. 23).

Lo regresivo y narcotizante de este síntoma estaría del lado de la moral preestablecida y de sostener una sustancia compasiva, una esencia de la compasión. Lo que parece sumamente sugerente es que el discurso sobre la compasión produce un síntoma paralizante que inhibe el acto de mutación de las condiciones existentes y futuras y se convierte en el productor más eficaz de la erótica sádica y de la muerte del deseo.

El anuncio del filósofo se concretó rápidamente en el nazismo y la fascinación por la crueldad ha adquirido el estatuto de erótica de la violencia, el delito, la transgresión cruel.

La fascinación por la imagen (televisiva, cinematográfica) violenta y ultrajante del pudor, afecta a la subjetividad atravesada por la globalización de la ficción informativa, ficción con pretensión de realidad, y por la seducción del *efecto catástrofe*. Entre el hecho real y la imagen del atentado a las Torres Gemelas del 11 de septiembre, no hay diferencia, salvo para las víctimas. Para el resto del mundo, el atentado es la imagen del atentado terrorista. La pérdida de esa distancia naturaliza la escena y, por lo tanto, al bien y al mal.

El Génesis nos da una versión desnaturalizada del mal en tanto pone a la ciencia como la fuente del mal y el bien. Ahí dice: *"Yahvé hizo brotar del cielo toda clase de árboles deleitosos para la vista y buenos para comer; y en el medio del jardín, el árbol de la vida y el árbol de la ciencia del bien y del mal (...) de cualquier árbol del jardín puedes comer, mas del árbol del conocimiento del bien y del mal no comeréis, porque ese día moriréis".*

Por un lado debemos entender por ciencia a la sabiduría y al "saber hacer" y no sólo al conocimiento y, por otro, este *logos* del bien y del mal se destaca de modo notoriamente diferencial de las delicias de los sentidos y los goces, de cuya bondad se puede hacer uso-goce.

Dado que el final del texto declara la mortalidad, la sabiduría de esta ciencia tiene relación con la subjetivación de la muerte y con un *saber hacer* con el bien y el mal. Este saber-hacer con el bien y el mal, se deshace cuando desde el *logos* se intenta hacer coincidir –sin lugar a objeción–, mal con no subjetivación de la muerte, y bien con su subjetivación. Si por un lado el psicoanálisis plantearía la subjetivación de la muerte como un bien a adquirir, por otro no se lo puede trasponer como un *esperable normalizador*.

Lo que resuena es *saber hacer* –en el propio cuerpo– con el bien.

El transexual que se opera, decide sobre su cuerpo, su goce y deseo y, fundamentalmente, sobre el lazo social que establecerá con ello.

Por otra parte, la mortificación que produce el enfrentamiento con los sucedáneos de la castración (muerte, enfermedad, manifestaciones de la naturaleza) puede llevar a un sujeto a la fantasía inconsciente de venganza con el prójimo, a la perversidad actuada, al delito o a la sublimación.

La erótica es un campo de discurso con consecuencias sobre las vinculaciones sexuadas y sexuales. Tiene implicancias sobre el *heterós*, lo heterogéneo diferenciable de lo "*homo*" y de "lo común". Lo "hetero" y lo "homo" son efectos de discurso.

La erótica de una época, es decir lo que ella le oferta al sujeto para gozar y obtener placer, incide sobre la erotización pero ésta –relativa a los modos de goce particulares– encuentra los caminos para escapar a ese poder.

La erotización en singular, conforma el borde sinuoso e íntimo de la erótica, borde respecto de lo pulsional: Eros y Tánatos. Este borde tiende a intrincar la pulsión de vida y de muerte o puede convocar a una disociación de ambas. La disolución de un equilibrio adecuado entre Eros y Tánatos convoca a la perversidad.

Muchos se preguntan si la malignidad contemporánea o su correlato de violencia guardan relación con la laxitud moral a la que denominan "pérdida de los valores" y si la violencia actual es sucedánea de la moral rígida anterior o constituye el revés de la hipocresía de la moral común reinante.

Para el psicoanálisis la erótica es tensión: la tensión recurrente que padece el sujeto por encontrarse entre lo que satisface y lo que escapa a la satisfacción, entre lo que apacigua y lo que angustia.

La erotización a predominio de la *pulsión de muerte* se verifica en la erótica sado-masoquista ligada a la estructura perversa que extrema la acción del dolor físico y psíquico porque en ella las pasiones devienen en *principio*.

Para Deleuze se llama *principio* a lo que tiene gobierno sobre un dominio determinado, una ley. Podemos observar en algunos de los fenómenos del mal, que las pasiones son solidarias de la ley degradada a un principio de goce ilimitado.

Freud habló de los efectos de malestar provenientes de la ligadura desajustada entre Eros y Tánatos; esta desproporción es inevitable pues jamás puede ser absolutamente adecuada tanto en el sentido de evitar la destrucción del otro como del sí mismo; halló así la imposibilidad de buenaventura en la estructura misma de la cultura y de la índole gregaria y sexual del hombre.

Lejos de adherir a una moral que regule la conducta de los hombres en su vínculo con los otros, es decir, a la adaptación a las normas sin dudar de la intención de las mismas, el psicoanálisis se define "neutral" respecto de los valores consensuados pues su función terapéutica es deshacer lo ya erotizado *devenido malo para el sujeto*, o sea, la sexualización que ha convertido al "encuentro" amoroso en un encuentro con el odio. Su estrategia no puede ser otra que la de desarticular el totalitarismo del superyó, cuyos significantes demandan (como una moral incorporada que reclama servidumbre) la satisfacción del goce incestuoso, endogámico.

La posición *no compasiva* en psicoanálisis implica no reforzar el sentimiento de víctima (ahí donde ésta goza –satisfacción inconsciente narcisista– de serlo) que algunos portan como emblema de su virtud, tampoco rebajar a la víctima a la degradación de culpable, tampoco quedar sujeto al ideal de que todo debe ser curado pues no concibe un "todo" ni un *curatodo*.

Freud[14] y Lacan se niegan a desexualizar a la Pulsión de Muerte: Tánatos, y transformarla en un "instinto de crueldad".

La *crueldad fría* (Deleuze[15]) –elemento que aparece en las subjetividades malignas por desexualización radical de Eros y resexualización radical de Tánatos– de los torturadores, por ejemplo, se inscribe en el campo de la erótica pero adquiere el alcance de un discurso que representa la ley de un grupo: los que torturan y los que mandan a torturar.

Para Lacan, *lo peor*, o sea, el mal, corresponde al goce incestuoso y a la peste que acarrea. Para comprender mejor esta ponencia y aplicarla por fuera de los límites del psicoanálisis, tengamos en cuenta un criterio amplio sobre el incesto: todo aquello que tiende al rechazo de las operaciones de diferenciación e identificación, y rechazo de la responsabilidad sobre el propio deseo y la equidad respecto de ello para el semejante.

---

14. Recomiendo la lectura de los siguientes textos de Freud: *Duelo y melancolía, Psicología de las masas, y ¿Por qué la guerra?, El malestar en la cultura, Pulsiones y destinos de pulsión, Más allá del principio del placer*, Obras completas, Amorrortu Editores, Buenos Aires, 1980.

15. Deleuze, G.: *Presentación de Sacher-Masoch, Lo frío y lo cruel*, Amorrortu Editores, Buenos Aires, 2002.

## Ética y Mal

Generalmente nos enfrentamos a la dificultad de incorporar una noción de la ética no suprema, no absoluta, a la dificultad de aceptar una ética no-toda.

Tradicionalmente el bien y el mal se definían recíprocamente a partir del *no matarás* y el derecho a la vida; por ejemplo se le atribuye el mal a la eutanasia y al aborto los cuales son considerados "pecados". Como consecuencia de ello –en algunas legislaciones– el embarazo por violación no puede ser abortado. El derecho a la vida se considera más justo y bueno que el no deseo de maternidad y que la condena de la canallada.

Hay males identificados universalmente como tales (los genocidios, las masacres) y otros aceptados culturalmente (la lapidación, el seccionamiento de órganos por ritual o castigo, etc.). Cuando la muerte provocada al otro por indicación de la justicia (pena de muerte) se sustenta en el orden legal, se sustituye a la razón diabólica (divina) por una razón tenida como "moral común". Por lo tanto es menester distinguir entre la Ley Simbólica y las leyes infectadas de falsa humanidad que rechazan la Compasión intrínseca a dicha Ley. Distingo entre la mortal compasiva y la Compasión de una Ley no-toda.

Para Badiou[16] los acontecimientos son apariciones que transmiten una verdad, sin embargo cuando se refiere a los actos cometidos por Hitler dice que *el Mal* es un *simulacro* de acontecimiento; por lo tanto me pregunto ¿de qué modo pueden ser simulacros si transmiten la verdad del Mal?

Los acontecimientos del Mal –si bien pueden ser premeditados y hasta organizados en un lazo social fanático–, se constituyen en un real imposible de absorber aún en el discurso que los alberga pues dejan el goce de lo cruel en libertad absoluta, en la libertad de un derecho tomado como natural que opera como un bumerang: destruye hasta al asesino.

El Mal accede a pensarse según el concepto de *acontecimiento* por aniquilar las condiciones simbólicas, imaginarias y reales de la existencia.

Los fenómenos del Mal son acontecimientos que desconocen o forcluyen su perversidad y potencia destructiva porque están atados

---

16. Badiou, A.: "La ética, Ensayo sobre la conciencia del mal", Revista *Acontecimiento*, Número 8, Buenos Aires, 1994.

a un ideal del Bien. Esta forclusión sutura el intervalo de decidibilidad-indecidibilidad entre el bien y el mal, lo justo y lo injusto, sutura la duda respecto a la decisión sobre los actos.

Žižek[17] se cuestiona: "¿Qué sería un acto verdaderamente libre? Sería saber todas las horribles e inexorables consecuencias de elegir el mal y, sin embargo, elegirlo."

Polemizo con esta posición sin estar en desacuerdo. Pienso que un acto verdaderamente libre sería saber todas las inexorables consecuencias del mal y del bien, y aún así decidir por una parcialidad del bien o del mal, o sea, una decisión que no se atribuya la representación hegemónica de todas las particularidades buenas o malas.

A modo de conclusión voy a proponer algunas cuestiones para la reflexión.

*Primera reflexión*

*Cuando el Bien goza, el Mal acontece.* Los acontecimientos del mal, como cualquier acontecimiento, poseen la inexorabilidad de lo no-pensado, de lo no-posible; no solamente hienden la historia individual y colectiva provocando el aniquilamiento de la subjetividad, sino que además ese aniquilamiento padece de la imposibilidad del olvido, aunque se olvide por represión, desmentida o forclusión/rechazo; el mal acontecido se liga con el trauma y la compulsión a repetirlo para mitigar la angustia y el terror. El Bien goza bajo la forma de una ideología de la compasión y una moral de la bondad y la inocencia.

*Segunda reflexión*

El acontecimiento del mal descompleta a la moral que cree poder decir dónde está el bien o –extrañamente– qué atributos debe tener el bien; el mal casi nos impone reconocernos allí dónde deseamos ejecutarlo pero desistimos de hacerlo por conciencia, cobardía o culpa. El acontecimiento del Mal, denuncia que hay un no-todo bien o que el bien *no es* soberano, no es Uno. Luego la ética no es algo completo ni absoluto, sino que por incluirse en la trama del Otro, se divide cada vez, luego hay éticas. Por el contrario, si se tiene al mal como algo tan sólido que no hay potencia o límite que pueda

---

17. Žižek, S.: *Violencia en acto*, Paidós, Buenos Aires, 2004.

hacer algo con él o se hace del mal único bien de goce, el bien aparece como algo necesario que promueve la compulsión a conseguirlo y consumirlo, se cae en el nihilismo, la melancolía o el idealismo.

*Tercera reflexión*

La moral del bien supremo sin excepción ni fisura, genera un individualismo en el cual el *colectivo* –en tanto lugar simbólico para el acto histórico-político– se torna imposible o innecesario. El mal, en tanto acontecimiento, instaura paradójicamente dos vertientes del "nosotros": un nosotros fiel a él, y un nosotros que surge para desarticularlo, por ejemplo, una lucha por la independencia.

*Cuarta reflexión*

Para el psicoanálisis lo que se opone al mal no es el bien sino es el no-mal. Por ello el psicoanálisis actúa por la neutralidad ante el sufrimiento de malos y buenos pero no elude la responsabilidad ética de individualizar la canallada y la perversidad.

Es difícil aceptar una ética no-toda, es decir, dividida entre la relatividad de lo malo y de lo bueno. Esta ética no-toda nos coloca ante disyunciones incluyentes y excluyentes, instantes decisivos de cuyas elecciones es responsable tanto el sujeto singular como colectivo y de cuyos efectos cargan las generaciones venideras.[18]

El mal es vinculante, el Mal es disgregante y xenófobo.

...................................................
18. Goldstein, M.: "Los discursos de la posmodernidad. Complejidad y Psicoanálisis". *Revista de Psicoanálisis*, T. LII, N° 1, 1995, APA y "Un alegato antitotalitario", Revista *Escritural* N° 6, Buenos Aires, 2005.
Goldstein, M. Y Moise, C.: *Pensando la institución*, Editorial El Escriba, Buenos Aires, 2000.

# ÍNDICE

Prólogo
Dra. Amelia Imbriano ............... 7

Introducción ............... 13

*Las formas de la desmentida en el malestar en la cultura* ............... 25
La extranjería: introducción del Xenos y Guer ............... 26
Trauma del mundo ............... 36
El exilio subjetivo de las experiencias migratoria,
multilingüística y de extranjerizacion ............... 45
Xenofobia y victimización ............... 50
Segregaciones, racismo y discriminación a la discapacidad ............... 57
El ideal de globalización como estrategia segregatoria ............... 64
Los nombres del sujeto y las fluctuaciones del síntoma ............... 73
Más allá del superyó: violencia y melancolía ............... 77
El concepto de desmentida ............... 81
Luchas de géneros ............... 84

*"Lo judío", síntoma de la xenofobia universal* ............... 87
Judío, no judío ............... 88
"Lo judío" como síntoma ............... 98
La Diáspora... nación inexistente ............... 112
¿Diaspórico o apátrida? ............... 115

*Ética, creación y subjetividad* ............... 119
El poema después de la Shoá ............... 120
La experiencia sobreviviente de la escritura ............... 123
Sobrevivir entre el poema y el psicoanálisis ............... 127
¿Qué lugar ocupan las ciencias y la religión en la subjetividad
contemporánea? ............... 130
¿Qué es el mal y qué el Mal? ............... 134

Se terminó de imprimir en el mes de agosto de 2006 en
*Edili*, Castro 1860, Buenos Aires, Argentina.